DU MONDE ENTIER

ALEJO CARPENTIER

La harpe
et l'ombre

TRADUIT DE L'ESPAGNOL
PAR RENÉ L.F. DURAND

GALLIMARD

Il a été tiré de l'édition originale de cet ouvrage seize exemplaires sur vélin d'Arches Arjomari-Prioux numérotés de 1 à 16.

Titre original :
EL HARPA Y LA SOMBRA

Tous droits de traduction, de reproduction et d'adaptation réservés pour tous les pays.

© *Siglo XXI Editores S.A. — Mexico*
Primera edición : Abril 1979
Segunda edición : Mayo 1979
Co-edición con Siglo XXI de España Editores S.A.
Madrid-Mayo 1979.
© *Éditions Gallimard, 1979, pour la traduction française.*

*Dans la harpe, quand elle résonne, il y a trois choses :
l'art, la main et la corde.
Dans l'homme : le corps, l'âme et l'ombre.*
La Légende dorée.

La harpe

Louez-le avec les cymbales retentissantes !
Louez-le avec la harpe !...

Psaume CL

On apercevait, au fond de la basilique, les quatre-vingt-sept lampes de l'autel de la confession : leurs flammes avaient vacillé plus d'une fois, ce matin-là, dans leurs globes de cristal qui vibraient de concert aux accents triomphants du *Te Deum* chanté par les voix fortes de la chorale pontificale ; les portes monumentales furent fermées avec lenteur et, dans la chapelle du saint sacrement, qui semblait plongée dans une pénombre crépusculaire pour ceux qui émergeaient des lumières resplendissantes de la basilique, la chaise gestatoire, jusque-là portée sur les épaules, fut descendue et transportée à bras à trois empans du sol. Les *flabelli* plantèrent au râtelier les hampes de leurs hauts éventails de plumes. Sa Sainteté commença à parcourir lentement les innombrables pièces qui la séparaient encore de ses appartements privés, au pas des porteurs vêtus de rouge qui ployaient le genou quand il fallait passer sous une porte au linteau bas. De chaque côté de l'interminable trajet suivi entre les murs des salles et des galeries, défilaient d'obscures peintures à l'huile, des retables assombris par le temps, des tapisseries aux teintes ternies, qui représentaient peut-être, pour celui qui les eût regardées avec la curiosité d'un visiteur étranger, des allégories mythologiques, de retentissantes victoires de la foi, des visages en prière de bienheureux ou des épisodes d'exemplaires hagiographies. Un peu fatigué, le souverain pontife s'assoupit légèrement, tandis que, selon leur rang, les dignitaires se détachaient du cortège après avoir franchi tel ou tel pas de porte dans la stricte observance du protocole des cérémonies. Tout d'abord, les cardinaux, en *cappa magna*, avec leurs caudataires empressés, disparurent deux par deux ; puis, les évêques, soulagés du poids de leurs mitres resplendissantes ; ensuite, les chanoines, les chapelains, les protonotaires apostoliques, les chefs de congrégations, les prélats de la chambre secrète, les officiers de la maison militaire, Mgr le majordome et Mgr le camerlingue, jusqu'au moment où, sur le point d'entrer dans les appartements dont les fenêtres donnaient sur la cour de Saint-Damase, les pompes de l'or, du violet et du grenat furent remplacées par les tenues, moins voyantes, des domestiques, des huissiers et des *bussolanti*. Finalement, la chaise fut posée sur le sol, près de la modeste table de travail de Sa Sainteté ; les porteurs la soulevèrent de nouveau, allégée de son auguste charge, et se retirèrent après des révérences répétées. Assis à présent sur un fauteuil qui lui procurait une calme sensation de stabilité, le pape demanda du sirop d'orgeat à sœur Crescencia, chargée de ses collations ; et, après l'avoir renvoyée d'un geste qui s'adressait aussi à ses valets de chambre, il entendit se fermer la dernière porte qui le séparait du monde rutilant et pullulant des princes de l'Église, des prélats palatins, des dignitaires et des patriarches dont les crosses et les manteaux liturgiques se confondaient, dans la fumée de l'encens et au milieu des thuriféraires empressés, avec les uniformes des caméristes portant cape et épée, des gardes nobles et des gardes suisses : ces derniers magnifiques, avec leurs cuirasses d'argent, leurs pertuisanes antiques, leurs morions de condottiere et leurs uniformes à rayures orange et bleues, couleurs dont les avait gratifiés, une fois pour toutes, le pinceau de Michel-Ange, si lié par ses œuvres et son souvenir à l'existence somptueuse de la basilique.

Il faisait chaud. Comme les fenêtres donnant sur la cour de Saint-Damase étaient murées, sauf celles du pape, naturellement, pour empêcher les regards indiscrets de fureter dans ses appartements privés, il régnait un tel silence loin de tout trafic urbain, du passage des voitures ou des bruits des artisans, que, lorsque l'écho de quelque cloche y parvenait, on eût dit une musique qui faisait penser à une Rome irréelle. Le Vicaire du Seigneur avait pris l'habitude d'identifier certains bronzes d'après les timbres que la brise lui apportait. Celui-ci, léger, aux sons nourris, provenait de l'église baroque du Gesù ; celui-là, majestueux et lent, plus proche, de Santa Maria Maggiore ; cet autre, chaud et grave, de Santa Maria sopra Minerva dont la forêt intérieure de marbres rouges gardait l'humaine empreinte de Catherine de Sienne, l'ardente et énergique dominicaine, avocate passionnée de son prédécesseur Urbain VI. Il vénérait l'irascible protagoniste du schisme d'Occident, pour son caractère combatif, lui qui, cinq ans plus tôt, avait publié ce *Syllabus* – sans que sa signature y figurât, bien que tout le monde sût que le texte était nourri de ses allocutions, homélies, encycliques et lettres pastorales – où l'on condamnait ces pestes modernes qu'étaient le socialisme et le communisme, si rudement combattues dans sa rigoureuse et claire prose latine, de même que les sociétés secrètes (c'est-à-dire : tous les francs-maçons), les « sociétés bibliques » (avis aux États-Unis d'Amérique), et, en général, les nombreux cercles cléricaux-libéraux qui ces jours-là ne montraient que trop le bout de l'oreille. Le scandale provoqué par le *Syllabus* avait été si retentissant que Napoléon III lui-même, peu suspect de libéralisme, avait fait l'impossible pour empêcher sa diffusion en France, où la moitié du clergé, stupéfait par tant d'intransigeance, condamnait l'encyclique préparatoire, *Quanta Cura,* en raison de son caractère excessivement intolérant et radical ; et pourtant celle-ci était bien modérée dans sa condamnation de tout libéralisme religieux, si on la comparait aux injures presque bibliques du pape Urbain, si farouchement approuvées par la dominicaine de Sienne, que le bourdon de Santa Maria sopra Minerva rappelait aujourd'hui à sa mémoire pour la seconde fois ! Le *Syllabus* avait mûri lentement dans son esprit depuis que, dans ses périples en terre américaine, il avait pu mesurer la prolifération de certaines idées philosophiques et politiques auxquelles ni mers ni montagnes ne pouvaient opposer de frontières. Il s'en était bien rendu compte à Buenos Aires, et par-delà la cordillère des Andes, au cours de ce voyage, déjà lointain, si riche d'utiles enseignements, que lui avait déconseillé toutefois, avec une douce et douloureuse insistance, sa sainte mère, la comtesse Antonia Cattarina Solazzi, épouse exemplaire de ce père hautain, sec et austère qu'était le comte Girolamo Mastaï-Ferretti ; l'enfant frêle et chétif qu'il avait été voyait encore le comte imposant et sévère, exhibant ses uniformes d'apparat, si enviés, de gonfalonier de Sinigaglia... Dans la paix recouvrée de ce jour qui avait débuté par des cérémonies pompeuses et splendides, le nom cristallin de Sinigaglia s'harmonisait avec le chœur très lointain des grosses cloches romaines ; celles-ci lui rappelaient les rondes que dansaient, dans une envolée de carillons en se tenant par la main dans l'arrière-cour de la vaste demeure familiale, ses sœurs aînées aux si jolis noms : Maria Virginia, Maria Isabella, Maria Tecla, Maria Olimpia, Cattarina Juditta ; toutes avaient des voix fraîches et enjouées, dont le timbre familier encore à son oreille lui fit penser tout à coup à ces autres voix enfantines, unies en chœur dans un noël naïf qu'il avait entendu au début de fêtes de Noël orageuses dans la ville si lointaine, si lointaine et cependant si présente à sa mémoire, de Santiago du Chili :

*Cette nuit c'est la nuit de Noël
ce n'est pas le moment de dormir
car la Vierge va enfanter,
et elle accouchera à minuit.*

Mais tout à coup la grande voix de Santa Maria sopra Minerva l'éloigna d'évocations peut-être trop frivoles en un jour où, après s'être un peu reposé de la cérémonie prolongée qui avait allumé les soleils de la chaire de saint Pierre, il devrait se résoudre à prendre une importante décision. Entre une patène ciselée attribuée à Benvenuto Cellini et la navette en cristal de roche, de facture très ancienne, dont la forme était celle de l'*ictus* des premiers chrétiens, se trouvait la liasse – le fameux dossier ! – en attente depuis l'année précédente. Nul n'avait eu la discourtoisie de le presser, mais il était évident que le très vénérable cardinal de Bordeaux, métropolitain des diocèses des Antilles, que Son Éminence le cardinal archevêque de Burgos, que le Très illustre archevêque de Mexico, de même que les six cents et quelques évêques qui avaient signé le document, devaient être impatients de connaître sa décision. Il ouvrit la chemise pleine de larges feuilles cachetées à la cire, attachées avec des rubans de satin incarnat pour les réunir en folio, et, pour la vingtième fois, lut la proposition de postulation devant la Sacrée Congrégation des Rites qui commençait par cette phrase bien articulée : *Post hominum salutem, ab Incarnato Dei Verbo, Domino Nostro Jesu Christo, feliciter instauratam, nullum profecto eventum extitit aut praeclarius, aut utilius incredibili ausu Januensis nautae Christophori Columbi, qui omnium primus inexplorata horentiaque Oceani aequora pertransiens, ignotum Mundum detexit, et ita porro terrarum mariumque tractus Evangelicae fidei propagationi duplicavit...* Le primat de Bordeaux le disait bien : la découverte du Nouveau Monde par Christophe Colomb était l'événement le plus extraordinaire auquel l'homme eût assisté depuis que la foi chrétienne avait été instaurée dans le monde et, grâce à cette prouesse sans égale, *l'étendue des terres et des mers connues où porter la parole de l'Évangile avait doublé...* Et, joint à la respectueuse requête, il y avait, sur une feuille séparée, un bref message adressé à la Sacrée Congrégation des Rites qui, lorsqu'elle aurait reçu l'aval de la signature pontificale, mettrait aussitôt en marche le processus compliqué de la béatification du Grand Amiral de Ferdinand et d'Isabelle. Sa Sainteté prit la plume, mais sa main resta en suspens sur la page, comme prise de doute, tandis qu'il passait au crible une fois de plus les implications de chaque mot. Il en était toujours ainsi lorsqu'il se sentait le plus résolu à parapher ce document. Dans un paragraphe du texte en effet apparaissait une phrase, spécialement soulignée, qui arrêtait toujours son geste :... *pro introductione illius causae exceptionali ordine.* Le fait d'introduire la postulation *par voie d'exception* faisait hésiter, une fois de plus, le souverain pontife. Il était évident que la béatification – étape préalable à la canonisation – du Découvreur de l'Amérique constituerait un cas sans précédent dans les annales du Vatican car il manquait à son dossier certaines garanties biographiques qui, selon les canons de l'Église, étaient nécessaires à l'octroi d'une auréole. Ceci, confirmé par les savants et impartiaux Bollandistes invités à opiner, serait mis à profit, sans aucun doute, par l'Avocat du diable, subtil et redoutable procureur de la république des enfers... En 1851, lorsque lui, Pie IX, après avoir passé par l'archevêché de Spolète et l'évêché d'Imola, et avoir coiffé le chapeau de cardinal, ne comptait pas plus de cinq ans sur le trône de saint Pierre, il avait commandé à un historien français, le comte Roselly de Lorgues, une *Histoire de Christophe Colomb* qu'il avait maintes fois lue et méditée, car elle lui paraissait d'une influence déterminante dans l'éventuelle canonisation du Découvreur du Nouveau Monde. Fervent admirateur de son héros, l'historien catholique avait magnifié les vertus qui donnaient des proportions de géant à la figure de l'insigne marin génois : ce dernier méritait bien selon lui d'occuper une place de choix parmi les saints du calendrier et même dans les églises : cent, mille églises..., où l'on vénérerait son image, un peu imprécise jusqu'ici, puisqu'on ne possédait aucun portrait de lui, mais de combien de saints ne pouvait-on en dire autant ? Les traits du Découvreur cependant prendraient corps et caractère grâce aux recherches dont tirerait parti un pinceau inspiré capable de donner au personnage la même force et la même expression que le Bronzino, portraitiste de César Borgia, avait su imprimer à la figure de l'illustre marin Andrea Doria sur une peinture à l'huile d'une beauté exceptionnelle ! Cette possibilité avait obsédé le jeune chanoine Mastaï depuis son retour d'Amérique, alors que l'on était fort loin encore d'imaginer qu'il serait intronisé un jour dans la basilique Saint-Pierre. Faire un saint de Christophe Colomb était une nécessité, pour de nombreuses raisons, aussi bien sur le terrain de la foi que sur celui de la politique ; et l'on avait bien vu depuis la publication du *Syllabus*, que lui, Pie IX, ne dédaignait pas l'action politique ; celle-ci ne pouvait s'inspirer que de la Politique de Dieu, bien connue de qui avait tant étudié saint Augustin. Signer le décret qu'il avait devant lui était un geste qui resterait comme une des décisions capitales de son pontificat... Il retrempa la plume dans l'encrier, et, cependant, la plume resta une fois de plus en suspens. Il hésitait de nouveau, cet après-midi d'été où les cloches de Rome ne tarderaient pas à accorder leur musique au son de l'Angélus.

*

Déjà, pendant l'enfance de Mastaï, Sinigaglia avait cessé d'être la ville aux foires tapageuses, dans le port de laquelle accostaient des bateaux provenant de toutes les rives de la Méditerranée et de l'Adriatique, accaparés maintenant par la prospère, fière et vicieuse Trieste, dont la richesse était en passe de ruiner sa voisine déchue, si fréquentée autrefois par les navigateurs grecs. De plus, les temps étaient durs : avec sa dévastatrice campagne d'Italie, Bonaparte avait tout mis sens dessus dessous, occupant Ferrare et Bologne, s'emparant de la Romagne et d'Ancône, humiliant l'Église, dépouillant les États pontificaux, emprisonnant des cardinaux, occupant Rome elle-même, poussant l'insolence jusqu'à arrêter le pape et faire main basse sur de vénérables sculptures qui faisaient la fierté de monastères chrétiens, pour les exhiber à Paris – ô comble de dérision ! – parmi les Osiris et les Anubis, les faucons et les crocodiles d'un musée d'antiquités égyptiennes... L'époque était calamiteuse. Et, en conséquence, la noble demeure des comtes Mastaï-Ferretti avait périclité. Les portraits de famille, les tapisseries fanées, les gravures parsemées de chiures de mouches, les hauts dressoirs et les rideaux défraîchis cachaient mal la dégradation croissante de murs que l'humidité, à cause des nombreuses gouttières, couvrait de vilaines taches brunes qui allaient s'élargissant implacablement au fil des jours. Les vieux planchers eux-mêmes craquaient sous les pas ; et, des jolis motifs décoratifs commençaient à se détacher des morceaux de marqueterie décollés par les intempéries. Chaque semaine deux ou trois cordes du vieux piano-forte, au clavier jauni, sautaient. Maria Virginia et Maria Olimpia persistaient encore cependant à y jouer, à deux ou quatre mains, des sonatines de Muzio Clementi, des pièces du Père Martini ou des *Nocturnes* – belle nouveauté – de l'Anglais Field, feignant de ne pas remarquer le silence de certaines notes qui avaient cessé de répondre au toucher depuis plusieurs mois. Les tenues de parade du gonfalonier étaient les seules à donner encore allure de grand seigneur au comte Mastaï-Ferretti ; quand, après avoir présidé une cérémonie, il rentrait chez lui pour partager la maigre pitance des siens, il enfilait des redingotes archi-reprisées par les deux servantes dévouées qui restaient à la maison moyennant des gages qu'elles touchaient une année sur deux. Pour le reste, la comtesse faisait bonne figure aux vents adverses avec la dignité et le souci des apparences qui l'avaient toujours caractérisée, gardant le deuil pour des parents imaginaires décédés en des villes toujours éloignées, afin de justifier l'usage persistant d'une paire de robes noires, fort démodées ; et, voulant se montrer le moins possible au dehors, elle allait de grand matin à l'église des Servites en compagnie de son fils cadet, Giovanni Maria, prier la Madonna Addolorata de soulager ces malheureux États du nord de leurs angoisses et de leurs calamités. En somme : on menait l'existence de hautaine misère dans des palais en ruine, qui était le lot de tant de familles italiennes de l'époque. Existence de misère hautaine – écussons sur les portes et cheminées sans feu, croix de Malte sur l'épaule mais ventre creux – que le jeune Mastaï retrouverait, en étudiant la langue castillane, dans les romans de la picaresque espagnole : lecture certes bientôt abandonnée en raison de sa frivolité, pour s'enfoncer dans les méandres conceptistes de Gracián avant d'aborder la méditation et la pratique, plus utiles pour son esprit, des *Exercices spirituels* de saint Ignace. Ceux-ci lui apprirent à centrer la méditation, ou la prière, sur une image préalablement choisie, afin d'éviter, au moyen de la « composition de lieu », les échappées imprévues de l'imagination, éternelle folle du logis, vers des sujets étrangers à ceux de la réflexion principale.

Le monde était à l'envers. La franc-maçonnerie s'infiltrait partout. Il y avait à peine quarante ans – et que sont quarante ans au regard de l'histoire ? – qu'étaient morts Voltaire et Rousseau, maîtres d'impiété et de libertinage. Moins de trente ans plus tôt un roi très chrétien avait été guillotiné, comme qui badine, à la vue d'une multitude athée et républicaine, au rythme de tambours peints aux mêmes couleurs, bleu et rouge, des cocardes révolutionnaires... Il était indécis quant à son avenir, après des études désordonnées qui comprenaient la théologie, le droit civil, l'espagnol, le français, et un latin fort tourné vers la poésie de Virgile, d'Horace et même d'Ovide – rien de bien utile, par les temps qui couraient, pour gagner son pain quotidien – ; et après avoir fréquenté une brillante société romaine qui l'accueillait chaleureusement à cause de son nom, bien qu'elle ignorât que, très souvent, trop désargenté pour manger à l'auberge, ce qu'appréciait surtout le jeune homme dans les réceptions – plus que le décolleté des jolies femmes, plus que les bals où apparaissait déjà la licencieuse nouveauté de la valse, plus que les concerts donnés par des musiciens réputés dans de riches hôtels particuliers – c'était l'invitation du majordome à passer à la salle à manger où, à la lueur des candélabres, seraient présentés sur des plateaux d'argent les mets abondants qui rassasieraient sa fringale. Un jour cependant, après une déception amoureuse, le jeune Giovanni Maria troqua le vin apporté dans des carafes de cristal ciselé contre l'eau des puits conventuels, et les volailles bien assaisonnées des cuisines des palais contre les pois chiches, les choux et les polentas des réfectoires. Fermement résolu à servir l'Église, il prit sans délai l'habit du tiers ordre de Saint-François. Ordonné prêtre, il se distingue par l'ardeur et l'éloquence de ses prêches. Mais il sait que l'attend un chemin long et ardu, sans espoir de gravir les sommets de la hiérarchie ecclésiastique, en raison de l'isolement dans lequel vit sa famille, du petit nombre de ses relations, et, plus que tout, de l'époque agitée et désaxée que l'on traverse au sein d'une chrétienté divisée, disloquée, vulnérable comme elle l'a été peu souvent dans son histoire, devant l'assaut croissant et presque universel d'idées nouvelles, de théories et de doctrines qui tendaient toutes, en quelque sorte, à l'élaboration de dangereuses utopies depuis que l'équilibre social d'autrefois – équilibre qui n'était pas toujours satisfaisant, mais équilibre enfin – avait été rompu par les périlleux iconoclasmes de la Révolution française... Et tout est obscurité, humilité et résignation dans sa vie, quand se produit le miracle : Mgr Giovanni Muzzi, archevêque de Philippopoli en Macédoine, berceau d'Alexandre le Grand, nommé Délégué apostolique au Chili, prie Mastaï de l'accompagner en qualité de conseiller dans une mission très délicate. Le prélat n'a jamais vu celui qu'il choisit ainsi sur la recommandation d'un abbé ami. Mais il pense que le jeune chanoine peut lui être extrêmement utile grâce à sa culture générale, et, en particulier, sa connaissance de la langue espagnole. Ainsi donc, le futur pape passe d'un orphelinat où il remplissait la fort modeste charge de mentor, à la condition enviable d'envoyé au Nouveau Monde – ce Nouveau Monde dont le seul nom lui fait humer une extraordinaire odeur d'aventures. De ce fait, considérant sa robe, il se sent une vocation missionnaire, vocation due peut-être à sa connaissance des activités apostoliques des disciples de saint Ignace en Chine, en Extrême-Orient, aux Philippines et au Paraguay. Et tout à coup, il se voit lui-même accomplissant une œuvre missionnaire, non à la façon des jésuites qu'avait caricaturés Voltaire dans un roman bien connu et même traduit en espagnol par l'abbé Marchena, un renégat, mais, conscient que les temps ont changé et que le politique prendra une importance croissante au cours du siècle qui commence, il s'applique à étudier, en réunissant une foule d'informations, le milieu où il devra agir avec tact, discernement et habileté.

Pour commencer, quelque chose l'intrigue au plus haut point. Celui qui a sollicité du pape Pie VII l'envoi d'une mission apostolique au Chili est Bernardo O'Higgins, qui est à la tête du gouvernement de ce pays, avec le titre de Directeur général. Il sait déjà comment O'Higgins a libéré le Chili du colonialisme espagnol, mais ce qui s'explique moins c'est qu'il ait recours aux lumières du Vatican pour réorganiser l'Église chilienne. En ces temps tumultueux et confus, Rome est le refuge et la providence d'intrigants de tout acabit, de conspirateurs et de sacripants, de carbonari dissimulés, de prêtres sécularisés, de renégats et de prêtres repentis, d'ex-curés voltairiens revenus au bercail, d'informateurs et de mouchards, et – il est aisé d'en trouver – de transfuges des loges, toujours prêts à vendre les secrets de la franc-maçonnerie pour trente deniers. Parmi ceux-ci, Mastaï rencontre par hasard un ex-chevalier Kadosh de la loge Lautaro de Cadix, fille de la Grande Réunion Américaine de Londres, fondée par Francisco de Miranda, qui a déjà des filiales à Buenos Aires, Mendoza et Santiago. Et O'Higgins a été un grand ami, dit l'informateur, de l'extraordinaire Vénézuélien, maître de Simon Bolivar, général de la Révolution française, dont les équipées de par le monde constituent le plus fabuleux roman d'aventures. L'on dit même – « Dieu me garde de coupables pensées », se dit Mastaï – qu'il coucha avec Catherine de Russie parce que « comme l'amant de l'impératrice, Potemkine, était fatigué des ardeurs excessives de sa souveraine, il pensa que le galant créole, qui était un chaud lapin, pourrait satisfaire les appétits démesurés de cette grosse dondon de Russe ; celle-ci aimait terriblement qu'on lui... enfin, vous me comprenez. – « Ça suffit, ça suffit, dit Mastaï à son informateur : parlons de choses plus sérieuses ; je vous offre une bouteille de vin. » Le renégat se rafraîchit le gosier, portant aux nues la qualité d'un gros rouge fort médiocre que seule sa soif inextinguible lui fait trouver bon, et il poursuit son récit. Dans leur jargon secret, les francs-maçons appelaient l'Espagne « les Colonnes d'Hercule ». Et la loge de Cadix avait une « Commission des affaires secrètes » qui s'occupait presque exclusivement de fomenter des troubles politiques dans le monde hispanique. On savait au sein de cette commission que Miranda avait rédigé à Londres un cahier de « Conseils d'un vieux Sud-Américain à un jeune patriote de retour d'Angleterre dans son pays » qui contenait des phrases telles que : *Défiez-vous de tout homme ayant dépassé la quarantaine, à moins que vous ne sachiez pertinemment qu'il aime la lecture. La jeunesse est l'âge des sentiments ardents et généreux. Parmi ceux de votre âge, vous en trouverez vite beaucoup pour vous écouter et faciles à convaincre.* (« On voit que ce Miranda, comme Gracián, se défiant des *horreurs et des honneurs de la vieillesse*, mettait sa confiance dans *le palais enchanté de la jeunesse* », pense Mastaï). L'illustre franc-maçon avait écrit aussi : *C'est une erreur de croire qu'un homme, parce qu'il est tonsu-*

ré ou qu'il s'assied dans la bergère d'un chanoine, est un fanatique intolérant et un ennemi décidé des droits des hommes. – « Je comprends mieux à présent ce Bernardo O'Higgins », dit Mastaï en faisant répéter trois fois cettre phrase au transfuge de la loge de Cadix. C'était clair : quelles que fussent ses idées, O'Higgins savait que l'Espagne rêvait de rétablir en Amérique l'autorité qu'elle y exerçait du temps de son empire colonial, à présent bien déchu, en s'efforçant hardiment de remporter des batailles décisives dans la zone occidentale du continent, avant d'étouffer ailleurs, grâce à une authentique guerre de reconquête, et pour cela elle ne lésinerait pas sur les moyens, les indépendances nouvellement acquises. Et sachant que la foi ne peut être extirpée d'un coup comme l'on en finit un beau matin avec le gouvernement d'un vice-roi ou d'une capitainerie générale, et que les églises hispano-américaines dépendaient jusqu'ici de l'épiscopat espagnol sans avoir à prêter obéissance à Rome, le libérateur du Chili voulait soustraire les églises de ce pays à l'influence de l'ancienne métropole – chaque curé espagnol, en effet, serait demain l'allié de possibles envahisseurs – en les plaçant sous l'autorité suprême du Vatican, plus faible que jamais dans le domaine politique et qui ne pouvait faire grand-chose outre-mer en dehors de ce qui correspondait à une juridiction de type purement ecclésiastique. On neutraliserait ainsi un clergé hostile, conservateur et revanchard, en le plaçant toutefois – et l'on ne pourrait s'en plaindre ! – sous la surveillance directe du Vicaire du Seigneur sur la terre. Coup de maître, dont il était possible de tirer parti à tous égards !... Bernardo O'Higgins devenait maintenant sympathique au jeune Mastaï. Ce dernier était impatient de traverser l'océan, en dépit des craintes de sa sainte mère la Comtesse qui, de sa demeure délabrée de Sinigaglia, le pressait d'invoquer sa santé précaire pour esquiver une traversée épuisante sur une mer tempétueuse : « la mer même de Christophe Colomb », se disait le chanoine qui à la veille du grand voyage avait la nostalgie du milieu familial et se rappelait avec une vive tendresse Maria Tecla, sa sœur préférée, qu'il avait surprise un jour en l'absence de leurs parents en train de chanter à mi-voix, comme en rêve (ô péché bien véniel, bien innocent !) une romance française du Père Martini, éditée en un album du grand franciscain, auteur de tant de messes et d'oratorios :

> *Plaisir d'amour*
> *ne dure qu'un moment.*
> *Chagrin d'amour*
> *dure toute la vie.*

Malgré les appels à la prudence, le jeune chanoine attendait anxieusement la date du départ. D'autant plus qu'à présent tout semblait opposer des obstacles à l'entreprise : mort du pape, ce pape si humilié par le Corse insolent qui l'avait obligé à sanctionner la farce de son impériale investiture et le couronnement solennel d'une créole martiniquaise ; élection de Léon XII, après un interminable conclave de vingt-six jours ; intrigues du consul d'Espagne, informé par ses espions de l'objet de la mission apostolique ; vents contraires, manigances, potins, échanges de correspondance, réponses qui ne se font que trop désirer. Finalement le 5 octobre 1823 le navire *Héloïse* (« Je préfère celle d'Abélard à celle de Rousseau », pense Mastaï) lève l'ancre à destination du Nouveau Monde. En même temps que lui s'étaient embarqués le Délégué Giovanni Muzzi, son secrétaire particulier Don Salustio, le dominicain Raimundo Arce, et l'archidiacre Cienfuegos, récemment promu par O'Higgins ministre plénipotentiaire auprès du Saint-Siège.

Le bateau était parti de Gênes. C'est un Génois qui avait entrepris un jour la prodigieuse entreprise qui allait donner à l'homme une vision exacte du monde où il vivait, ouvrant à Copernic les portes qui lui permirent un début d'exploration de l'infini. Vers l'Amérique, vers Santiago, Campus stellae, en réalité vers des étoiles nouvelles, accès initial de l'être humain à la pluralité des immensités sidérales.

*

Trop longue, parfois exaspérante, l'attente à Gênes avait été fertile en découvertes pour le jeune chanoine, émerveillé à chaque pas par la splendeur de la superbe cité des Doria, nom qui sonnait comme de l'or, toute pleine du souvenir d'Andrea, l'illustre amiral, représenté en de louangeuses peintures allégoriques, le torse nu, la barbe frisée et l'emblématique trident à la main, telle une vivante, possible et présente image de Poséidon. Le jeune homme avait longuement médité devant la maison de Branca Doria, l'assassin très magnifique, de souche génoise, que Dante trouva dans le neuvième cercle de l'enfer, en train de souffrir son châtiment dans son âme tandis que son corps, habité par un démon, *apparaissait encore vivant sur la terre*. En face de l'église de San Mateo la demeure de Lamba Doria, construite par Martino Doria, aussi solide que la lignée de ses maîtres, résistait au poids des siècles, de même que subsistaient, belles et fières, celle de Domenicaccio Doria et celle de Constantino Doria, habitée finalement par Andrea – tout le monde ici semblait s'appeler Doria ! –, le marin légendaire cent fois vainqueur du Turc... Et maintenant que l'*Héloïse* pénétrait dans les eaux terreuses du Rio de La Plata, Mastaï évoquait encore le somptueux décor de théâtre qu'était le port de Gênes, la ville fastueuse aux palais rouges et aux palais blancs, ses verrières, ses balustrades, ses triomphantes colonnes rostrales et ses sveltes campaniles. Une escale à Montevideo lui donna par contraste l'impression de se trouver dans une immense étable, car il n'y avait aucun édifice important ou beau, tout était rustique, on se serait cru dans une ferme, et les chevaux et les vaches recouvraient, dans la vie quotidienne, une importance oubliée en Europe depuis les temps mérovingiens. Buenos Aires n'avait même pas de port, mais une méchante baie, d'où il fallait atteindre la ville dans une charrette tirée par des chevaux, escortée par des hommes à cheval, dans la puanteur des chevaux, les odeurs de cuir brut et les coups de trompette des hennissements – obsédante présence du cheval qui s'imposerait au voyageur tant qu'il resterait sur le continent dont il foulait le sol pour la première fois. A la lueur de lanternes apportées par les habitants, la mission apostolique fut reçue dans la ville orpheline de son évêque depuis fort longtemps. La première impression de Mastaï fut désastreuse. Les rues, certes, étaient droites, comme tirées au cordeau, mais trop boueuses, d'une boue remuée, triturée, battue et rebattue, pétrie et repétrie par les sabots des nombreux chevaux qui y passaient et les roues des charrettes tirées par des bœufs qu'excitait l'aiguillon. Il y avait des nègres, beaucoup de nègres, adonnés à des métiers ancillaires ou modestes artisans, ou encore marchands ambulants, criant des choux superbes ou des carottes nouvelles, sous des tendelets dressés au coin des rues, ou domestiques de maisons aisées, identifiables par une tenue décente, qui contrastait avec les vêtements, éclaboussés de sang, des négresses revenant de l'abattoir avec leur charge d'abats ; cet abattoir semblait si important dans la vie de Buenos Aires que Mastaï se demandait si, avec le culte de la Grillade, du Filet, de l'Entrecôte, de l'Aloyau, de la Côte de bœuf ou de ce que certains, élevés à l'anglaise, commençaient à appeler le *Bife*, il ne deviendrait pas à la longue, dans la vie de la ville, un monument plus prestigieux que la cathédrale elle-même, ou les églises paroissiales de San Nicolás, La Concepción, Montserrat ou La Piedad. Ça sentait trop la bourrellerie, le cuir tanné, la peau de vache, le bétail, la viande salée, la cécine, la sueur animale et la sueur des cavaliers, la bouse et le fumier, dans cette ville d'outremer où l'on dansait dans les *conventillos*[1], les *pulperías*[2] et les lupanars, la *Refalosa*[3] et le *Quand, mon cœur, quand*, danse pleine de sous-entendus qui était à la mode à cette époque dans les coins les plus reculés du continent américain ; à moins que ne montât de quelque local le vacarme barbare de tambours sur lesquels Noirs et gens de couleur battaient ce que l'on appelait

---

  1. *Conventillo* : dans certains pays d'Amérique latine, la maison de rapport pour classes modestes (*N.d.T.*).
  2. *Pulperia* : bar-épicerie-bazar. Nous gardons ce mot qui désigne un établissement si typique des pampas (*N.d.T.*).
  3. Danse populaire (*N.d.T.*).

des « tangos ». Mais à côté de tout cela fleurissait une aristocratie authentique, nantie et raffinée, qui s'habillait selon le dernier cri de Paris ou de Londres, qui aimait donner des bals somptueux où l'on entendait les airs les plus en vogue en Europe. Les jours de fêtes religieuses, pour plaire au jeune chanoine, de jolies créoles ne manquaient jamais de lui chanter le *Stabat Mater* de Pergolèse. Par malheur les modes venues d'outre-mer, qu'il s'agît de la parure, des passe-temps ou des mondanités, ne voyagent jamais seules. Avec elles était parvenue ici la « dangereuse manie de penser » – et Mastaï savait ce qu'il disait quand il qualifiait de « dangereuse manie » le vif souci de la recherche de vérités, de certitudes, ou de nouvelles possibilités en des régions où il n'y avait que cendres et ténèbres, nuit de l'âme. Certaines idées avaient franchi le vaste océan, avec les écrits de Voltaire et de Rousseau, que le jeune chanoine combattait par des voies obliques, les qualifiant de « sclérosés et dépassés », déniant toute efficacité actuelle à des livres qui avaient déjà plus d'un demi-siècle d'existence. Mais ces livres avaient marqué de nombreux esprits, pour qui la Révolution française, vue à distance, n'était pas un échec. La preuve en était que Bernardino Rivadavia, ministre du gouvernement, considérait avec une extrême antipathie le séjour à Buenos Aires de la mission apostolique. Libéral et certainement franc-maçon, il fit savoir à l'archevêque Muzzi qu'il lui était interdit de procéder à des confirmations en ville, et qu'il l'invitait à poursuivre sa route le plus tôt possible ; il s'efforça de lui mettre d'avance des bâtons dans les roues, en insinuant que les émissaires de la curie romaine ne seraient peut-être pas reçus au Chili avec autant d'honneur qu'ils l'espéraient.

C'est ainsi qu'au milieu du mois de janvier 1824, les prêtres se mirent en route dans deux amples carrosses suivis d'une charrette dans laquelle s'entassaient malles, ballots et objets de toute sorte, outre des lits et des ustensiles de première nécessité que l'on ne trouverait pas facilement dans les auberges des relais, où il leur faudrait bien souvent passer la nuit à défaut d'une hacienda hospitalière. Bien conseillés par des personnes compatissantes qui critiquaient fort l'incivilité impie de Rivadavia – celui-ci n'avait offert à la mission aucune aide officielle – les voyageurs emportaient d'abondantes provisions de bouche : grains, pommes de terre, viande boucanée, lard, oignons et aulx, des citrons pour remplacer le vinaigre qui était infect dans les auberges du pays, et plusieurs bonbonnes de vin, d'eau-de-vie et de mistelle. « Et l'on dit que les prélats ne se nourrissent que de truites exquises et de pâtés d'alouettes ! », observait Giovanni Muzzi en riant. Mais Mastaï parlait peu et regardait beaucoup. Le paysage était d'une écrasante monotonie, mais finissait par s'imposer à son attention en raison de son échelle même. Il croyait savoir ce qu'était une plaine, mais la vision de la pampa infinie où, quelle que fût la longueur du chemin parcouru, on était toujours au centre d'un horizon circulaire de terre uniforme ; la pampa, qui donnait au voyageur l'impression de rester sur place, de ne pas progresser vers son but, pour si rudement qu'il excitât les bêtes de l'attelage ; la pampa, par son immensité, par l'image parfaite d'infini qu'elle donnait à l'homme, le plaçant en présence d'une figuration de l'illimité, lui faisait penser à la vision allégorique du mystique pour qui l'être humain, introduit dans un corridor sans commencement ni fin connus, s'efforce d'éloigner, grâce à la science et à l'étude, les deux murailles qui limitent à droite et à gauche le champ de la vision, réussissant à la longue à faire reculer les murs, mais sans jamais les détruire, ni parvenir jamais pour aussi loin qu'il les écarte, à modifier leur aspect ni à savoir ce qu'il y a derrière eux... Mastaï traversa la pampa, plongé en un rêve lucide – interrompu de loin en loin par les cris d'une troupe de cavaliers armés de lassos à boules dans le tumulte d'un rodéo – dont il fut tiré, au bout de longues journées passées à rouler au milieu du même paysage, par la réapparition de choses connues : certains accidents du terrain, des ruisseaux, des jonchaies, semblables à celles de *là-bas* ; des maisons d'une architecture identique, des plantes, des animaux, moins écrasés par l'immensité d'une nature illimitée. Mais bientôt l'infini horizontal se transforma en un infini vertical, celui des Andes. A côté de ces incroyables escarpements, de ces cimes perdues dans les nuages – qu'on eût cru inaccessibles – les monts Dolomites, qu'il connaissait, lui semblèrent un but de promenade, un jeu d'enfants (il n'avait il est vrai foulé que leurs premiers contreforts). Tout à coup lui était révélée la démesure de cette Amérique qu'il commençait déjà à trouver fabuleuse, bien qu'il jugeât souvent ses hommes incultes, brutaux et dégradés dans le milieu où ils vivaient. Mais une telle nature – pensait-il – ne pouvait engendrer que des hommes nouveaux – et l'avenir dirait quelles races, quels projets, quelles idées en sortiraient quand tout cela aurait mûri un peu plus et que le continent aurait pris pleinement conscience de ses propres possibilités. Pour l'instant, tout ce qu'il avait vu jusqu'ici n'avait pas assez de bouquet, lui semblait-il, pour parler comme les bons dégustateurs de vins vieux.

Alors commença la lente et pénible ascension des sommets qui limitaient la région, lignes de partage des eaux qui y prenaient leur source, par des sentiers jouxtant des précipices et des vallées encaissées où se précipitaient dans un fracas de tonnerre des torrents tombés de quelque invisible pic neigeux, au milieu des sifflements des bourrasques et des hululements jaillis de la profondeur des gouffres. Puis ce fut la désolation des déserts, l'aridité des hauts plateaux, l'asphyxie causée par l'altitude, et la profondeur des abysses, et la stupeur devant la folle débâcle des blocs de granit, le nombre impressionnant de falaises et de rochers, les pierres lisses alignées comme des pénitents en procession, les gradins de schiste et le mirage de villes en ruine produit par des roches d'une époque si reculée que, laissant tomber leurs défroques minérales, elles finissaient par mettre à nu leurs lisses squelettes planétaires. Et ce fut le passage d'un premier ciel à un deuxième ciel, puis à un troisième et à un quatrième, jusqu'à ce que l'on eût atteint l'arête de la cordillère, au septième ciel – c'était le cas de le dire – avant d'entreprendre la descente vers les vallées du Chili, où la végétation retrouverait un vert ignoré des lichens poussés au milieu des brouillards. Les chemins n'étaient guère carrossables. Un tremblement de terre récent avait fait crouler les pierrailles, parsemant d'éboulis l'herbe maigre du désert... Et ce fut la joie du retour au monde des arbres et des terres labourées, et enfin, après un voyage de neuf mois, à compter du départ de Gênes, la mission apostolique arriva à Santiago du Chili. « Quelle délivrance ! », dit Mastaï, soulagé.

Si nombreux étaient à Santiago du Chili les églises et les couvents, que le jeune chanoine compara de prime abord la ville à certains petits bourgs italiens où pour cent toits se dressent vingt clochers. Si Buenos Aires sentait le cuir, la tannerie, les harnais et souvent – à quoi bon le nier ? – le crottin de cheval, on vivait ici dans les fumées de l'encens, entre les édifices et les clôtures de Saint-Dominique, Saint-François, les Récolettes, les Clarisses, les Augustins, la Compagnie, Saint-Jacques, la Veracruz, sans oublier le couvent de nonnes (elles étaient nombreuses) qui s'élevait sur la grand-place. Et Mastaï se félicitait déjà de pouvoir commencer à remplir sa mission toute neuve d'auditeur en un pays si propice, lorsqu'une funeste nouvelle jeta le trouble dans l'esprit des voyageurs : Bernardo O'Higgins, Directeur du Chili, qui avait sollicité l'envoi de Mgr Muzzi, par l'intermédiaire de son ambassadeur Cienfuegos ; O'Higgins, le héros d'une dure et noble guerre d'indépendance, avait été renversé, deux mois plus tôt, par l'homme en qui il avait mis sa plus grande confiance : Ramon Freire, lieutenant général des armées du Chili. Ce dernier était absent, retenu par des opérations militaires dans l'île lointaine de Chiloé... (« Les authentiques foudres de guerre ne sont pas encore morts que déjà appparaissent les généraux combinards », se dit le jeune ecclésiastique.) Les négociations menées jusqu'ici devenaient problématiques. On ignorait quelle pourrait être la disposition d'esprit de Freire. Une pause exaspérante s'ensuivit donc, pendant laquelle Mastaï écrivit une lettre qui reflétait son malaise : *Les gouvernements américains actuels sont des gouvernements convulsifs à cause des changements continus auxquels ils sont soumis.* (« J'ai été à mon corps défendant l'Ange Pâle des Funestes Présages », murmurait Sa Sainteté Pie IX en relisant une copie de cette lettre qui avait annoncé tant d'événements dramatiques, et qu'il avait conservée, lui l'obscur chanoine d'alors.) Mastaï n'était pas homme cependant à se laisser abattre par le premier contretemps grave susceptible de s'opposer à ses desseins. En attendant de pouvoir travailler, il se mit à cultiver les amitiés que lui offrirent, dès le premier jour, les milieux aisés et cultivés de Santiago. Il rendit visite assidûment à certaines demoiselles Cotapos, passionnées de bonne musique, qui, comme il fallait s'y attendre et par respect pour la tonsure du visiteur, lui firent écouter plus d'une fois le *Stabat Mater* de Pergolèse. (« C'est curieux, se disait Mastaï. Avec une seule partition, un compositeur mort à vingt-six ans a obtenu une renommée plus universelle que le vieux Palestrina avec son œuvre immense écrite au cours d'une longue vie. ») « Son opéra *La Serva padrona* est aussi très célèbre ici, disaient les demoiselles Cotapos, et nous en connaissons quelques morceaux. Mais son argument choquerait Votre Révérence en raison de son audace. » Mastaï leur savait gré de ce scrupule avec un sourire indulgent quoique un peu hypocrite, car il se souvenait bien que lui et sa sœur Maria Tecla s'étaient follement amusés, un soir, à Sinigaglia, à chantonner les parties des deux seuls personnages – un troisième était muet – de cette aimable bouffonnerie trouvée sur le lutrin du piano délabré de la famille. Grâce aux jeunes filles de la société il connut quelques-unes des chansons de Noël qui tous les ans, à l'époque de la Nativité, mettaient en joie une ville au demeurant assez grise et mélancolique, à ce qu'elles prétendaient. L'une de ces chansons, dont la mélodie était fort populaire, l'enchanta par sa fraîcheur candide en dépit de ses vers de mirliton :

> *Madame Doña Maria,*
> *je viens de très loin,*
> *et à votre bébé j'apporte*
> *un petit couple de lapins.*

Sur ce arriva la semaine sainte et notre auditeur de fraîche date fut frappé d'étonnement devant le caractère sombre, dramatique, presque médiéval, que prenait ici, le vendredi, la procession de pénitents qui l'après-midi de l'agonie défilait dans les rues du centre : hommes aux pieds nus, vêtus d'une longue tunique blanche, une couronne d'épines sur la tête, une lourde croix de bois sur l'épaule gauche et un fouet dans la main droite, avec lequel ils se flagellaient furieusement le dos... Mastaï pensa que la vigueur de la foi, dans ce pays, ne pouvait qu'être propice aux buts de la mission. Mais en même temps il constatait qu'ici, de même qu'à Buenos Aires, s'étaient infiltrées les « idées nouvelles », comme on disait. Tandis que les flagellants mettaient leur dos en sang dans leur cortège expiatoire, des jeunes gens élégants et mécréants, que l'on appelait *pipiolos*, lui laissaient entendre, à seule fin de l'alarmer, que bientôt s'instaurerait la liberté de la presse – forcément restreinte par la guerre acharnée que l'on venait de vivre – et que Freire nourrissait le secret dessein de séculariser le clergé chilien. Dans l'attente des événements, Mastaï adopta une nouvelle tactique devant ceux qui en sa présence affichaient des idées libérales : tactique qui consistait à paraître plus libéral que les libéraux eux-mêmes. Et utilisant une stratégie apprise des jésuites, il proclamait que Voltaire et Rousseau avaient été des hommes d'un talent extraordinaire – quoiqu'il ne pût, lui ecclésiastique, partager leurs points de vue –, mais il rappelait toutefois, avec une subtile perfidie, que ces philosophes appartenaient à des générations fort dépassées dans leurs idées par les générations actuelles, que, de ce fait, il était grand temps de se mettre au rythme du siècle, en mettant au rancart des textes vermoulus, pleins de concepts historiques démentis par la réalité, et qu'il devenait urgent d'adopter une « nouvelle philosophie ». Il en était de même pour la Révolution française, événement révolu, dont l'idéal primitif avait échoué et dont on ne parlait que trop sur ce continent-ci, alors que personne ne s'en souvenait plus en Europe. « Sclérose, caducité, inactualité, gens d'une autre époque, disait-il en parlant du *Contrat social* et des Encyclopédistes. – Efforts utopiques qui n'avaient mené à rien, promesses non tenues, idéaux trahis. Quelque chose qui aurait pu être très grand, mais qui n'était jamais parvenu à réaliser ce que ses artisans avaient rêvé, disait-il en parlant de la Révolution française : Et c'est moi qui l'affirme, moi qui suis prêtre et que vous considérez sans doute comme un homme enfermé dans les limites d'une pensée dogmatique et périmée. » Mais non, mille fois non. Le libéralisme n'était plus ce que ces jeunes gandins croyaient. Il y avait, aujourd'hui, un libéralisme d'un nouveau genre : un libéralisme – comment dirions-nous ? situé plus à gauche que la gauche elle-même – et il fallait se souvenir que, dans la salle de la Convention, les Jacobins occupaient toujours les bancs situés à la gauche de l'assemblée. « Devrons-nous donc être plus jacobins que les Jacobins ? lui demandait-on. – Il y a peut-être, par les temps qui courent, une nouvelle manière d'être jacobin », répondait le futur inspirateur du *Syllabus* qui, grâce à sa grande habileté à composer avec la pensée de ses adversaires, devait accéder au pontificat avec la réputation d'un homme extrêmement libéral et ami du progrès.

Les mois suivants furent des mois d'attente, d'angoisse, de désarroi, d'inquiétude, d'impatience, d'irritation, de découragement, devant l'hostilité sournoise de Freire, hissé au pouvoir suprême, qui savait, à la grande déconvenue des ecclésiastiques, se montrer à la fois courtois et insaisissable, tantôt accueillant et tantôt brutal, cérémonieux quand il rencontrait par hasard l'archevêque Muzzi, rassurant et ouvert en apparence, pour faire finalement le contraire de ce qu'il avait promis. La vieille aristocratie de Santiago serrait les rangs autour de la mission apostolique. Mais, entre-temps, la calomnie enflait la voix autour des étrangers. On accusait Muzzi d'avoir appliqué une loi qui rappelait l'époque coloniale, en refusant de marier un veuf avec sa belle-fille. On prétendit que le jeune Mastaï avait touché une somme importante afin d'exercer son ministère religieux dans la demeure d'une famille opulente. Cancans, potins, ragots, commérages, intrigues et racontars qui devenaient de jour en jour plus insupportables pour les illustres mandataires. Pour comble de malchance – bien que Freire eût assuré à l'archevêque romain qu'il ne tomberait jamais dans un tel excès de libéralisme – ce que les *pipiolos* avaient annoncé se produisit : la liberté de la presse fut décrétée. Dès lors, la vie devint impossible pour les délégués apostoliques. Un journal affirma que le maintien de leur inutile mission coûtait 50 000 pesos au trésor public. On les qualifia d'espions de la Sainte-Alliance. Et, par-dessus le marché, on annonça, cette fois comme un fait certain, la sécularisation imminente du clergé chilien ; en conséquence, on nationaliserait l'Église de ce pays, en la libérant de toute obédience à Rome... Devant cette situation, Muzzi fit savoir au gouvernement qu'il rentrerait sur-le-champ en Italie, car il estimait que sa confiance et sa bonne volonté avaient été trompées. Et, au bout de neuf mois et demi d'une activité vaine, le prélat, son jeune auditeur et Don Salustio prirent la route de Valparaiso. Ce port n'était alors qu'un village délabré de pêcheurs, situé dans le giron d'un cirque de montagnes, où l'on parlait autant l'anglais que l'espagnol, car il y avait de prospères comptoirs britanniques qui commerçaient avec les navires mouillés dans la rade, après de longues et dures traversées dans le sud du Pacifique ; et, surtout, avec les sveltes et rapides clippers nord-américains de plus en plus nombreux qui exhibaient déjà, à la stupéfaction générale, des gréements à quatre mâts. Quelque peu affecté par l'échec de la mission, Mastaï connut les secousses telluriques de deux tremblements de terre qui, sans lui causer de mal, lui firent souffrir l'indicible angoisse de sentir qu'il perdait l'équilibre, comme pris de vertige, et il fut surpris par le flegme de musiciens aveugles qui, le court espace des séismes, ne cessèrent de jouer des danses joyeuses – plus attentifs à leurs aumônes qu'aux fureurs volcaniques. Dans une auberge du port il fut invité à apprécier les saveurs glorieuses du *piure*[1], du *loco*[2], du *cochayuyo*[3] et de l'imposant crabe géant de la Terre de Feu. Finalement les ecclésiastiques gagnèrent le large à bord du *Colombia*, voilier qui allait grand-erre, et à la coque solide, accoutumé à affronter les fureurs de l'océan dans ses voyages autour du cône sud de l'Amérique. Avec le froid grandissant, apparurent deux baleines au passage du parallèle de Valdivia. Le 10 novembre on était à la latitude de l'île de Chiloé. Et, le 17, les navigateurs se préparèrent à affronter cette épreuve redoutable qu'était le passage du cap Horn. C'est alors que se produisit un miracle : la mer, face à la plus célèbre forge de tempêtes, face aux monuments de granit noir, balayés par les vents mugissants de la zone australe, qui marquent la limite du continent, était aussi calme que les eaux d'un lac italien. Le capitaine et les marins du *Colombia* furent stupéfaits par un calme qu'ils n'avaient jamais connu en un tel endroit du globe – si bien que les gaillards les plus endurcis de l'équipage ne se rappelaient pas pareil prodige. Une nuit claire et propice descendit sur l'heureux vaisseau dont la marche n'était rythmée que par le grincement régulier des cordages et le balancement tranquille des fanaux. Accoudé à bâbord sur la rambarde, devinant plus qu'il ne la voyait la terre qui

---

1. *Piure* : mollusque comestible *(N.d.T.)*.
2. *Loco* : autre mollusque comestible *(N.d.T.)*.
3. *Cochayuyo* : algue comestible, de couleur verte *(N.d.T.)*.

s'étendait devant lui, Mastaï évoquait les péripéties aventureuses de ce voyage accidenté auquel n'avaient pas manqué des épisodes dignes d'agrémenter les meilleurs romans inspirés de tribulations océaniques, fort goûtés à présent par les lecteurs après l'effroyable drame du radeau de la *Méduse* : tempêtes, vents contraires, calmes désespérants, rencontre de poissons bizarres, et même à l'aller un abordage de flibustiers, aux îles Canaries ; ceux-ci, après avoir fondu sur le navire avec des cris terrifiants et fait de grands moulinets avec leurs épées, s'étaient retirés contrits en voyant qu'à bord de l'*Héloïse* il n'y avait d'autres objets de valeur qu'un ostensoir, un reliquaire et un calice qu'ils remirent respectueusement entre les mains de l'archevêque Muzzi car ils étaient de bons catholiques et non des ordures de protestants. Puis ça avait été la révélation de l'Amérique, d'une Amérique plus éprise de curiosité, plus profonde et originale que le chanoine ne l'aurait pensé, où il y avait beaucoup plus que des *huasos*[1] et des gauchos, des Indiens pillards, de prodigieux *boleadores*[2], des cavaliers d'allure magnifique, des trouvères inspirés qui pinçaient la guitare en chantant la pampa illimitée, l'amour, les combats singuliers, la force virile et la mort. Par-dessus tout cela, il y avait une humanité en effervescence, intelligente et pleine de bonne volonté, toujours inventive quoique parfois désaxée ; celle-ci, se disait Mastaï, était porteuse d'un avenir qui devrait aller de pair avec celui de l'Europe – d'autant plus qu'à présent les guerres de l'indépendance tendaient à creuser un fossé de plus en plus large

---

1. *Huaso :* paysan du Chili *(N.d.T.).*
2. Lanceurs des *boleadoras :* lasso à boules *(N.d.T.).*

et profond entre l'ancien et le nouveau continent. L'élément unificateur pourrait être la foi – et le jeune homme se rappelait les nombreux couvents et églises du Chili, les humbles chapelles de la pampa, les missions des frontières et les calvaires des Andes. Mais la foi, en ces régions, et cela accentuait encore la différence entre *ici* et *là-bas*, était centrée sur des cultes locaux et sur un calendrier spécifique dont les saints, à vrai dire, étaient bien ignorés en Europe. En effet, repassant mentalement l'hagiographie américaine, bien étudiée par lui lorsqu'il se préparait au présent voyage, le chanoine était frappé par le caractère exotique, pour ainsi dire, de ses bienheureux et de ses saints. En dehors de Rose de Lima, dont la renommée atteignait de lointaines contrées, il ne trouvait que des figures liées à une imagerie locale. A côté de Rose – et bien moins connus – se dressaient comme compléments d'une trilogie andine les figures de Toribio de Lima, né à Majorque, inquisiteur de Philippe II, qui, pendant sept ans, après avoir été élevé au rang d'archevêque, avait parcouru son vaste diocèse péruvien baptisant un nombre incalculable d'Indiens ; et Mariana de Paredes, le « Lys de Quito », émule de Rose quant aux mortifications imposées à sa chair, qui, une fois, pendant le terrible tremblement de terre de 1645, avait offert à Dieu sa propre vie, pour que les habitants de la ville fussent sauvés. Très près de Toribio de Lima était Francisco Solano, peu mentionné dans l'ancien monde, qui, voyageant à bord d'un bateau négrier, avait sauvé les esclaves d'un naufrage, alors que l'équipage les abandonnait lâchement sans barques ni radeaux aux fureurs de l'Atlantique. Puis venait le missionnaire discuté Luis Beltrán qui, en Colombie et au Panama, avait converti de nombreux Indiens, canonisé bien que l'on affirmât que ces conversions avaient peu de valeur, ayant été faites avec l'aide d'interprètes, le saint homme ignorant les langues locales. Plus brillante était la personnalité de Pedro Claver, protecteur des esclaves noirs, énergique adversaire du Saint-Office de Carthagène des Indes, qui, à ce qu'affirmaient ses contemporains, avait baptisé plus de trois cent mille Africains durant son long ministère exemplaire d'évangélisateur. Venaient ensuite quelques bienheureux et saints mineurs, objets d'un culte purement local, comme Francisco Colmenario, prédicateur au Guatemala, et bienheureux au sujet duquel on était peu informé ; Gregorio López, ancien page du Roi Philippe, dont la canonisation n'avait pas progressé à Rome, bien que l'on continuât à le révérer à Zacatecas ; Martín de Porres, barbier et chirurgien de Lima, le premier métis à être béatifié ; Sebastián Aparicio – objet d'un culte à Puebla de los Ángeles – bienheureux Galicien, constructeur de routes et directeur du service postal entre Mexico et Zacatecas, illuminé par la foi à soixante ans, au terme d'une vie mécréante et mondaine, pendant laquelle il avait enterré deux épouses. Quant à Sebastián Montañol, tué par les Indiens de Zacatecas (décidément Zacatecas, comme Lima, était un lieu d'élection où se manifestaient de sublimes vocations !...) ainsi que Alfonso Rodríguez, Juan del Castillo et Roque González de Santacruz, martyrs du Paraguay, ils s'inscrivaient dans un contexte très régional et éloigné, et il était probable qu'ils n'avaient pas un seul fidèle dans le monde où retournait à présent le jeune Mastaï.

Non. L'idéal, pour faire un seul bloc de la religion chrétienne dans l'Ancien et le Nouveau Monde, en même temps que l'on trouverait un antidote contre les idées philosophiques empoisonnées qui n'avaient que trop de sectateurs en Amérique, serait un saint au culte œcuménique, un saint dont le renom n'aurait pas de frontières, un saint d'une envergure planétaire, incontestable, si prodigieux que, bien plus grandiose que le légendaire colosse de Rhodes, il aurait un pied posé sur ce rivage-ci du continent et l'autre sur les finistères européens, embrassant du regard, par-dessus l'Atlantique, l'étendue des deux hémisphères. Un saint Christophe, Christophoros, Porteur de Christ, connu de tous, admiré par les peuples, universel par ses œuvres, universel par son prestige. Et soudain, comme illuminé par une vive clarté intérieure, Mastaï pensa au grand amiral de Ferdinand et d'Isabelle. Les yeux levés vers le ciel prodigieusement étoilé, il attendit une réponse à la question qui s'était formée sur ses lèvres. Et il crut entendre les vers de Dante :

Je ne te dis rien, pour que tu cherches en toi-même.

Mais à l'instant il se sentit écrasé par la conscience de sa propre petitesse : afin de promouvoir la canonisation du Grand Amiral, et de présenter sa postulation à la Sacrée Congrégation des Rites, il aurait fallu avoir l'autorité d'un souverain pontife, ou, au moins, d'un prince de l'Église – car un long temps s'était écoulé depuis la mort du Découvreur de l'Amérique, et son cas, franchement, n'était pas ordinaire... ; – et lui, très modeste subordonné de la Curie, n'était que l'obscur chanoine Mastaï, membre malheureux d'une mission apostolique qui avait échoué. Il se prit le visage entre les mains, dans cette nuit qui s'étendait sur l'immensité du cap Horn, pour chasser de son esprit une idée si inouïe qu'elle dépassait ses possibilités d'action... Oui. Cette nuit mémorable, il se prit le visage entre les mains, ces mêmes mains qui maintenant hésitent entre la plume et l'encrier, ces mains qui sont aujourd'hui celles du pape Pie IX. Mais à quoi bon attendre davantage ? Depuis de longues années il caressait ce rêve, rêve qui sur-le-champ deviendrait réalité, et le monde considérerait la canonisation de Christophe Colomb comme l'un des actes les plus marquants de son déjà long pontificat. Il relut lentement un paragraphe du texte soumis à son attention par le primat de Bordeaux : *Eminentissimus quippe Princeps Cardinalis Donnet, Archiepiscopus œBurdigalensis, quatuor ab hinc annis exposuit SANCTITATI TUAE venerationem fidelium erga servum Dei Christophorum Columbum, enixe deprecans pro introductione illius causae exceptionali ordine*[1].

Et, passant à la feuille qui était jointe à la requête, sa main parapha d'un trait ferme le décret qui autorisait l'ouverture de l'instruction et du procès. Et Sa Sainteté ferma le carton rouge qui contenait les pièces du dossier avec un soupir de soulagement et l'impression d'avoir mis la dernière main à une grande tâche. Ouvrant lentement la porte, sœur Crescencia apporta la lampe à la douce lumière, tamisée par un abat-jour vert, qui tous les après-midi lui annonçait un proche crépuscule. Il remit le dossier à la religieuse, la priant de le faire parvenir le lendemain, par la voie réglementaire, aux mains

---

1. « L'Éminentissime Prince Cardinal Donnet, archevêque de Bordeaux, a fait connaître, il y a quatre ans, à Votre Sainteté, la vénération des fidèles envers le serviteur de Dieu Christophe Colomb, sollicitant avec insistance l'introduction de la cause de l'illustre personnage par voie exceptionnelle » (Appendice « C » du *Postulatum*, publié à la fin de *Le Révélateur du globe* de Léon Bloy) *(N. d. A.)*.

du Chef de la Sacrée Congrégation des Rites. Le pape resta seul. Depuis de nombreuses années, il était considéré dans les milieux du Vatican, à cause de son voyage, comme un connaisseur hors pair des problèmes d'Amérique, et, pour cette raison, avait été consulté pour chaque cas épineux, et écouté avec la plus vive attention. Lui-même s'était flatté plus d'une fois[1] d'être le « Premier pape américain et *même chilien* » (« Parce que, disait-il, rien de ce qui peut se passer dans les pays d'outre-mer ne peut désormais m'être indifférent »). Toutefois, maintenant qu'il mettait en branle le mécanisme compliqué d'une béatification, obligé qu'il était de nommer lui-même, dès à présent, un Postulateur, un Cardinal rapporteur, un Promoteur général de la foi, un Protonotaire, un Chancelier, qui interviendraient dans le procès, démarche préalable à la canonisation de Christo-phoros, la nécessité absolue de solliciter une procédure par voie d'exception : *pro introductione illius causae exceptionali ordine*, le rendait soucieux, une fois de plus. Rome préférait toujours que les procès de béatification fussent entamés le plus tôt possible après la mort de l'intéressé. Lorsque s'écoulait un laps de temps trop long, il y avait toujours le danger qu'une dévotion locale n'eût magnifié de façon excessive ce qui n'avait guère été que le pieux déroulement d'une vie humaine et l'on obtenait seulement, de la Congrégation des Rites, une béatification *equipolente* – moins brillante et de moindre portée –, ce qui, dans le cas de Colomb, eût contrarié les desseins du souverain pontife, qui souhaitait que la renommée aux cent bouches la répandît dans tout

---

1. Selon un document publié par la nonciature apostolique du Chili (1952) *(N. d. A.)*.

l'univers. Le problème du temps écoulé justifiait naturellement la « voie d'exception ». Mais... pour le reste ? Il n'y avait pas l'ombre d'un doute. Treize ans plus tôt il avait demandé au comte Roselly de Lorgues, écrivain catholique français, d'écrire une véridique histoire de Christophe Colomb, à la lumière des plus modernes documents et des recherches biographiques qui avaient été effectuées. Et dans cette histoire – il l'avait lue et relue vingt fois – il apparaissait clairement que le Découvreur de l'Amérique méritait à tous points de vue d'être placé parmi les saints les plus insignes. Le comte Roselly de Lorgues ne pouvait s'être trompé. C'était un historien minutieux, rigoureux, ardent, digne de tout crédit, pour qui le grand marin avait toujours vécu avec une auréole invisible sur la tête. Il était temps désormais de la rendre visible *ad majorem dei gloriam*. Le pape se souvint que Colomb avait appartenu, comme lui, au tiers ordre de Saint-François, et que franciscain était le confesseur qui, un certain soir, à Valladolid... oh ! s'il avait pu être, Lui, cet obscur religieux qui, *ce soir-là*, à Valladolid, avait eu l'immense bonheur d'entendre la confession générale du Révélateur de la Planète ! Quel éblouissement ! Et comme une humble chambre d'auberge avait dû se peupler d'images cosmiques, transformée, par le verbe de Celui qui parlait, en un prodigieux palais des merveilles !... Jamais récit d'Ulysse à la cour des Phéaciens n'avait dû approcher, même de loin, en splendeur et en péripéties, les révélations de Celui qui connaîtrait, à la nuit tombante, les mystères de la mort, de même qu'il avait connu de son vivant ceux d'un *audelà* géographique, ignoré quoique pressenti par les hommes, depuis « l'âge heureux et les siècles heureux auxquels les anciens donnèrent le nom d'âge d'or » évoqués par Don Quichotte dans son discours aux chevriers...

II

La main

*Il a étendu sa main sur la mer
il a fait trembler les royaumes.*
                Livre d'Isaïe, XXIII, 11.

... On est allé prévenir le confesseur, mais il tardera à arriver car le pas de ma mule est lent quand on l'emmène par de mauvais chemins (la mule est, en fait, monture de femmes et d'ecclésiastiques) surtout si, comme c'est le cas, il faut aller chercher le très sage franciscain, qui en a vu bien d'autres, chez le parent à qui il a porté l'extrême-onction, à quatre lieues de la ville. Semblable à un gisant sur une tombe de pierre, j'attends celui qui devra m'entendre très longuement. Je ménagerai mes forces pour parler autant qu'il le faudra, mais les souffrances que j'ai endurées plus que la maladie auront peut-être finalement raison de moi... Et il faudra tout dire. Oui, tout. Mettre mon âme à nu et dévoiler beaucoup plus de choses que je ne l'aurais voulu, car souvent (je ne sais si un moine pourra comprendre...) l'action requiert une passion, un mordant, et même, le mot ne me fait pas peur, rend nécessaires des excès qui s'accordent mal, une fois le fait accompli et le but atteint, avec les mots qui, en fin de compte, grâce aux fleurs de rhétorique, délestés de leurs poisons, inscrivent un nom sur le marbre des siècles. Le paysan qui a gaulé les oliviers d'autrui arrive presque innocent devant le trône de

Dieu ; presque innocente comparaît la putain (que l'on me pardonne ce mot, mais je l'ai employé sans détours dans une épître adressée à de très illustres Altesses), qui à défaut de métier plus honorable, couche avec un marin en bordée, se plaçant sous la protection de la Madeleine dont la sainte image resplendit à Paris sur l'étendard de la confrérie des ribaudes, reconnue d'utilité publique, en un acte paraphé et scellé par le roi saint Louis de France. Pour ceux-là la confession ultime sera sobre de mots. Mais ceux qui, comme moi, portent le poids d'images jamais contemplées avant eux ; ceux qui, comme moi, mirent le cap sur l'inconnu (d'autres en cela me devancèrent, certes, je le dirai, il faudra que je le dise, quoique pour que l'on me comprenne mieux j'appelai Colchide ce qui jamais ne fut la Colchide) ; ceux qui, comme moi, pénétrèrent dans le royaume des monstres, déchirèrent le voile du mystère, défièrent la fureur des éléments et celle des hommes, ont beaucoup à dire. Dire des choses qui pour le moine qui m'entendra, même dans le secret de la confession, seront scandaleuses, provoqueront le désarroi, renverseront des évidences et révéleront des impostures. Mais en ce moment, où je suis vivant – encore vivant – attendant mon dernier auditeur, nous sommes deux en une seule personne. Le gisant, les mains jointes déjà dans l'attitude de la prière, résigné – n'exagérons rien ! – à voir la mort entrer par cette porte, et l'autre, l'homme intérieur qui essaie de se libérer de moi, le moi qui l'enveloppe et l'emprisonne, et veut l'étouffer, s'exclamant pour reprendre les termes de saint Augustin : « Mon corps ne peut plus désormais supporter le poids de mon âme ensanglantée. » En me regardant avec les yeux de quelqu'un d'autre qui passerait près de ma couche, je me vois comme cet objet bizarre qu'exibait dans l'île de Chio un forain dont le ruban du chapeau s'ornait de la peinture du zodiaque. Il prétendait l'avoir apporté de la patrie de Ptolémée : c'était une sorte de boîte, ayant une forme humaine, à l'intérieur de laquelle il y en avait une autre semblable à la première, qui renfermait à son tour un corps auquel les Égyptiens, grâce à leurs artifices d'embaumeurs, avaient gardé l'illusion de la vie... Son visage desséché et comme tanné gardait une telle énergie qu'on aurait dit qu'à chaque instant il allait ressusciter... J'éprouve déjà la raideur de la robe de bure qui, comme la première boîte, enveloppe mon corps vaincu, mais, à l'intérieur de ce corps terrassé par les tourments et les infirmités, se trouve mon moi profond, l'esprit clair encore, lucide, doué de mémoire, concis dans ses pensées, témoin de prodiges, souillé de flétrissures, empressé à faire des exemples, aujourd'hui repenti de ses actes d'hier, pétri d'intime angoisse, mais devant les autres plein de sérénité, à la fois timide et révolté, pécheur de par la volonté divine, acteur et spectateur, juge et partie, avocat de sa propre cause devant le tribunal suprême où il veut occuper aussi un siège de magistrat pour s'entendre argumenter et se regarder en face, en tête à tête. Et lever les bras au ciel et crier, et plaider et répondre, et me défendre devant l'index pointé qui s'enfonce dans ma poitrine, et condamner et faire appel, aller jusqu'aux derniers débats d'un procès où, finalement, je suis seul, seul devant ma conscience qui m'accuse sévèrement et maintes fois m'absout ; seul devant l'Ordonnateur de ce que nous ne pourrons jamais nous expliquer, dont nous ne connaîtrons jamais la forme, dont le nom même ne fut pas prononcé, des siècles durant, par ceux qui, comme mes parents et mes ancêtres, observèrent fidèlement sa Loi. Les textes disent qu'il nous créa à son image et à sa ressemblance : condescendance extrême fut la sienne en permettant qu'une telle affirmation figurât dans son Livre ; c'est qu'il pensa sans doute que l'être imparfait né de son infinie perfection avait besoin d'une analogie, d'une image, pour matérialiser, dans son esprit borné, l'énergie universelle et omniprésente de Celui qui, tous les jours, avec une ponctualité sans faille, est occupé à faire fonctionner et à régler la prodigieuse mécanique des astres.

... Mais ce n'est pas pour moi le moment de lever le rideau sur des mystères qui dépassent mon intelligence ; voici plutôt venue l'heure de l'humilité que requiert la proximité du dénouement ; de ce dénouement dans lequel l'ajourné, celui qui figure sur la liste, se demande s'il sera bientôt aveuglé, consumé, par la terrifiante vision de la Face jamais contemplée, ou s'il devra attendre pendant des milliers d'années, dans les ténèbres, le moment d'être assis sur le banc d'infamie, d'être appelé à la barre des accusés, ou installé dans une demeure où prendre longuement patience par quelque huissier ailé, ange bureaucrate, plumes sur les ailes et plume sur l'oreille, comptable du registre des âmes. Mais rappelle-toi qu'avec de telles réflexions tu manques gravement aux règles spirituelles de ton ordre, qui proscrivent toute question creuse, toute conjecture immodeste. Souviens-toi, ô marin, des mots qui sont gravés sur une dalle foulée aux pieds journellement par les fidèles de la cathédrale de Tolède :

CI-GIT :
POUSSIÈRE
CENDRE
NÉANT

Comme autrefois, un jour de janvier, dans le fracas d'une tempête, une voix retentit – claire, forte, lointaine et proche – à ton oreille : *Oh ! stupide et lent à croire et à servir ton Dieu, le dieu universel. Depuis que tu es né, il a pris grand soin de toi. Ne crains rien, aie confiance : toutes tes tribulations sont inscrites dans le marbre et non sans raison.*

Je parlerai donc. Je dirai tout.

De tous les péchés capitaux, un seul me fut toujours étranger : la paresse. Car, en ce qui concerne la luxure, je fus à sa merci, jusqu'au jour où m'en libérèrent de graves préoccupations ; et le seul nom de Madrigal de las Altas Torres – mots qui s'associent dans mon esprit en un bouquet d'images : noblesse, beauté, royale épiphanie, suprême objet du désir – fascina si bien mon cœur que même dans la forme des montagnes que les chrétiens contemplaient pour la première fois je trouvais une ressemblance avec d'autres formes dont la vibrante et nostalgique image était gravée au plus secret de mon souvenir... Depuis que mon père, sans cesser de carder la laine, avait ouvert un commerce de fromages et de vins à Savone – avec une arrière-boutique où les clients pouvaient remplir leurs verres à la canette et trinquer par-dessus la table en épais noyer – j'avais pris plaisir à écouter ce que de leurs équipées racontaient les marins. Je vidais les fonds de verres de gros rouge qu'ils me passaient en cachette, et je pris dès lors un tel goût pour le vin que l'on s'étonna souvent, quelques années plus tard, de me voir embarquer une énorme quantité de tonneaux et consacrer toujours les terres les plus fertiles que la divine providence m'octroyait, à la culture de la vigne. Noé, ancêtre de tous les marins, fut le premier à donner le mauvais exemple, et comme le vin enflamme le sang et inspire des désirs coupables, il n'y eut lupanar sur les rives de la Méditerranée qui ne connût mes jeunes ardeurs, quand, au grand chagrin de mon père, il me prit fantaisie de vouloir naviguer... Je goûtai aux filles de Sicile, de Chio, de Chypre, de Lesbos ; et d'autres îles plus ou moins métissées : Maures mal convertis, nouveaux chrétiens qui continuent à ne pas manger de viande de porc, Syriens qui se signent devant toutes les églises sans que l'on sache au juste à quel saint ils se vouent, Grecs qui vendent leur sœur à son de clochette et trafiquent de tout, pédérastes à l'occasion. Je couchai avec les femmes de mauvaise vie qui, avant de faire l'amour, jouent de la sambuque et du tambourin ; les « Génoises », venues de quelque juiverie, qui me jetaient un clin d'œil complice en tâtant mon sexe ; celles aux yeux peints de kohol qui en dansant faisaient voler des papillons tatoués sur leur ventre, d'autres encore, mauresques presque toujours, qui gardent dans leur bouche les pièces de monnaie qu'on leur donne ; et celles qui jurent sur leur tête qu'elles sont, vues de dos, toujours pucelles, à moins qu'un cadeau appréciable ne les pousse à faire le don insigne de ce qu'elles n'ont jamais livré à personne ; et les filles d'Alexandrie, outrageusement maquillées comme des macarons de proue, comme les mortes représentées sur les couvercles des sarcophages toujours en usage dans leur pays ; et celles de partout, qui font semblant de mourir de plaisir tout en enfilant des perles par-dessus ton dos pour se désennuyer... Je ne parle pas de mes aventures dans la rude Sardaigne et à Marseille, ville pourrie de vices, et ce plusieurs années avant mon périple africain. Je connus alors les femmes au teint foncé, de plus en plus foncé au fur et à mesure que je descendais le long des côtes de Guinée et de la Côte de l'Or, avec leurs joues marquées de cicatrices, leurs huit tresses ornées de perles, le duvet dru et la croupe plantureuse. Les Portugais et les Galiciens en sont fort justement friands. Je dis fort justement car le roi Salomon, si ma mémoire est bonne, fut non seulement sage dans ses sentences, et son gouvernement, mais encore en prenant pour concubine celle – *nigra sum...* – dont les seins étaient comme grappes de raisin ; de ce raisin noir et gonflé qui pousse à flanc de coteau, sous la brise de mer, et donne un vin parfumé et épais qui déteint et laisse un goût de miel sur les lèvres... Mais la débauche ne nourrit pas son homme et je tirais grand profit de mes navigations en apprenant l'art de gouverner un bateau ; il est vrai que je me fiais à mon bon sens pour identifier le langage des nuages et interpréter les chatoiements de l'eau, plutôt que de me guider à l'aide de calculs et d'instruments. Je prenais grand intérêt à observer le vol des oiseaux terrestres et marins, car ils sont en général plus avisés que l'homme dans le choix des directions qui leur conviennent. J'approuvais le bon sens des Nordiques qui, m'avait-on raconté, emportaient deux corbeaux sur leurs navires pour les lâcher quand ils se perdaient au cours d'une traversée périlleuse : ils savaient que si les oiseaux ne revenaient pas à bord, il suffisait de diriger la proue du côté où ils s'étaient envolés, pour trouver la terre à quelques milles. Cette sagesse des oiseaux me conduisit à étudier les particularités et les mœurs de certains animaux qui ici-bas vivent, s'accouplent et procréent, à la stupéfaction de notre intelligence mal assurée. J'appris ainsi que la fureur du rhinocéros – *in nare cornus* – ne peut être apaisée que si l'on met en sa présence une jeune fille qui découvre son sein et « de cette manière » (nous dit saint Isidore de Séville) « l'animal devient doux comme un agneau et pose sa tête sur la jeune fille ». Sans avoir vu un monstre aussi épouvantable, je savais que le basilic, roi des serpents, tue tous ses semblables d'un seul regard, et qu'aucun oiseau ne passe près de lui sans périr. Je connaissais le saura, lézard qui, lorsqu'il est vieux et devient aveugle, pénètre dans le trou d'un mur tourné vers l'orient et au lever du soleil dirige son regard dans sa direction, fait effort pour voir et recouvre la vue. J'étais intéressé aussi par la salamandre, qui, comme il est notoire, vit au milieu des flammes sans douleur et sans se consumer ; par l'uranoscopus, poisson ainsi nommé parce qu'il a un seul œil sur la tête, avec lequel il regarde constamment le ciel ; par le remora, qui, quand il va en bande, peut arrêter un navire de telle sorte qu'il semble avoir pris racine sur un fond rocheux ; et je prêtais une particulière attention, comme créature de la mer, à l'alcyon qui en hiver fait son nid sur les eaux de l'océan, où naissent ses petits. Saint Isidore dit aussi que lorsqu'il est en train de couver, les éléments se calment et les vents se taisent pendant sept jours, en hommage de la nature à cet oiseau et à ses petits. Je prenais chaque jour plus de plaisir à me pencher sur le monde et ses merveilles. A force de l'étudier, j'avais presque l'impression que ce dernier m'ouvrait peu à peu les arcanes derrière lesquels se cachaient des prodiges et des mystères tenus secrets encore pour le commun des mortels. Je désirais tout connaître. J'enviais le roi Salomon – « plus sage qu'Héman, et, Chalcol et Dorda » – qui était capable de parler de tous les arbres, depuis le cèdre du Liban jusqu'à l'hysope qui sort des murailles, et qui connaissait aussi les mœurs de tous les quadrupèdes, oiseaux, reptiles et poissons, de l'univers. Et comment n'aurait-il pas tout su, s'il était de tout informé par ses messagers, ambassadeurs, marchands et marins ? Des cargaisons d'or lui arrivaient d'Ophir et de Tharsis. Il achetait en Égypte ses chars et de Cilicie lui venaient ses chevaux ; à leur tour ses écuries fournissaient en coursiers les rois des Hittites et les rois d'Aram. Il était de plus informé d'une foule de choses – vertus des plantes, accouplements des animaux, turpitudes, impudicités, désordres, débauches et sodomie de différents peuples, par ses femmes, moabites, ammonites, édomites, sidoniennes, sans parler des Égyptiennes ; heureux homme, plein de sapience et de virilité, qui en son prodigieux palais pouvait s'envoyer, selon la couleur du temps et les fantaisies de son caprice, sept cents épouses principales et trois cents concubines, sans parler des étrangères et des imprévues, comme la reine de Saba, qui le payaient même pour faire l'amour. Rêve secret de tout homme véritable ! Et cependant, pour vaste et divers qu'eût été le monde connu par le roi Salomon, j'avais l'impression que ses flottes, tout compte fait, suivaient les chemins battus. Sinon elles auraient apporté des informations au sujet des monstres mentionnés par les voyageurs et les navigateurs qui avaient franchi le seuil de contrées encore mal connues. Selon des témoignages absolument dignes de foi, il y a en Extrême-Orient des races d'hommes sans nez, à la face toute plate ; d'autre ont la lèvre inférieure si proéminente que, pour dormir et se défendre des ardeurs du soleil, ils s'en couvrent le visage, d'autres ont la bouche si petite qu'ils doivent avaler leur nourriture avec une paille d'avoine ; d'autres encore, sans langue, ne communiquent entre eux que par signes ou par gestes. En Scythie, existent les Panotiens, dont les oreilles sont si larges qu'ils s'en enveloppent, comme d'une cape, pour résister au froid. En Éthiopie vivent les Sciopodes, remarquables par leurs jambes et la vitesse de leur course, et qui, en été, étendus par terre sur le dos, se font de l'ombre avec les plantes des pieds : celles-ci sont si longues et si larges qu'ils peuvent les utiliser comme des parasols. Dans ces pays-là, il y a des hommes qui ne s'alimentent que de parfums, d'autres qui ont six mains, et, chose plus extraordinaire encore, des femmes qui mettent au monde des vieillards – vieillards qui rajeunissent et finissent par redevenir enfants à l'âge adulte. Et, sans devoir aller si loin, rappelons ce que nous rapporte saint Jérôme, docteur suprême, quand il nous décrit un faune ou capripède qui fut exhibé à Alexandrie, et dont on s'aperçut qu'il était excellent chrétien, contrairement à ce que pensaient les gens, habitués à assimiler de tels êtres aux fables du paganisme... Et si beaucoup se flattent maintenant de connaître la Libye, il est certain qu'ils ignorent encore l'existence d'hommes terrifiants qui dans cette région naissent sans tête, les yeux et la bouche placés là où nous avons les seins et le nombril. C'est en Libye que vivent, semble-t-il, les *antipodes*, qui marchent les pieds opposés aux nôtres et qui ont huit doigts à chaque pied. Mais les opinions divergent à leur sujet, car certains voyageurs affirment que ce peuple offre une variété désagréable de cynocéphales, de cyclopes, de troglodytes, d'hommes-fourmis et d'hommes acéphales, sans compter les hommes à deux têtes, semblables au dieu Janus des anciens... Quant à moi, je ne crois pas que tels soient les traits des *antipodes*. Je suis convaincu – quoique ce critère me soit très personnel – que les *antipodes* sont d'une nature bien différente : il s'agit, simplement, de ceux que mentionne saint Augustin, bien que l'évêque d'Hippone, obligé d'en parler comme tout le monde, niât leur réalité. Si les chauves-souris peuvent dormir suspendues par leurs pattes ; si de nombreux insectes courent le plus naturellement du monde au plafond de cette chambre de lupanar où pour l'heure je me plonge dans mes réflexions – pendant que la femme est allée chercher du vin à la taverne voisine – il peut y avoir des êtres humains capables de marcher la tête en bas, quoi qu'en dise le vénérable auteur de l'*Enchyridion*. Il y a des équilibristes qui passent la moitié de leur vie à marcher sur les mains sans que les humeurs sanguines fassent éclater leurs tempes ; on m'a parlé aussi de santons qui, aux Indes, se tiennent sur leurs coudes, et, le corps raide, immobile, peuvent passer des mois les jambes à la verticale. Cela est moins prodigieux que d'être resté, comme Jonas, trois jours et trois nuits dans le ventre de la baleine, le front ceint d'algues et respirant comme s'il s'était trouvé dans son milieu naturel. Nous nions beaucoup de choses parce que notre entendement borné nous fait croire qu'elles sont impossibles. Mais plus je lis et m'instruis et plus je vois que ce que la pensée tient pour impossible devient possible dans la réalité. Pour s'en convaincre il suffit de lire les récits et les chroniques de marchands courageux et surtout de grands navigateurs, comme ce Pythéas de Marseille, exercé à l'art phénicien de la navigation ; dirigeant son vaisseau vers le nord, toujours plus au nord, dans son insatiable désir de découvertes, il parvint à un lieu où la mer était gelée comme la neige des pics montagneux. Mais je pense que j'ai encore peu lu. Je dois me procurer davantage de livres. Des livres qui traitent de voyages, surtout. On me dit que dans une tragédie de Sénèque on parle de ce Jason qui, allant à l'est du Pont-Euxin, à la tête de ses Argonautes, trouva la Colchide à la toison d'or. Il me faut connaître cette tragédie de Sénèque, qui doit contenir de très profitables enseignements comme tout ce qu'ont écrit les anciens.

Rauques, mugissantes, sur une seule et longue note tombée de la hune, presque lugubres, résonnent les trompes du navire qui vogue lentement, au milieu d'un tel voile de brume que du château de poupe on n'aperçoit pas la proue. La mer, à l'entour, ressemble à un lac d'eau couleur de plomb, dont les vagues tranquilles dessinent des crêtes minuscules qui retombent mollement sans être couronnées par les blancs filets de l'écume. La vigie lance son cri d'alerte mais on ne lui répond pas. Elle élève la voix à nouveau, mais son interrogation se perd dans le silence feutré d'une brume qui devient impénétrable à vingt vares devant moi, me laissant à ma solitude parmi des fantômes de marins, dans la tension de l'attente. Car mon émotion à l'annonce qui a été faite, le désir anxieux de voir, me tiennent penché sur la rambarde depuis que la cloche a sonné la sexte. C'est que, si j'ai beaucoup bourlingué jusqu'à présent, je me trouve aujourd'hui hors de tout rhumb connu, dans cette traversée qui exhale encore un parfum de prouesse, et l'on ne saurait en dire autant si l'on songe aux randonnées à travers les chemins battus de la Méditerranée. Je suis impatient d'apercevoir la terre étrange –

si étrange dit-on !... – qui marque la limite de la Terre. Depuis notre départ de Bristol nous eûmes bon vent et bonne mer, et il ne sembla pas que dût se renouveler pour moi l'angoissante tribulation du cap Saint-Vincent où, grâce à la divine protection du Seigneur, je me sauvai, agrippé à une rame, de l'épouvantable naufrage d'une hourque incendiée. A Gallway nous embarquâmes Maître Jacob, habile comme pas un à conduire par ces routes périlleuses les navires de Spinola et de Di Negro, avec leurs cargaisons de bois et de vins. Car il semble que comme il n'y a ni forêts ni vignes en cette île que nous découvrirons sous peu, le bois et le vin sont les choses que ses habitants tiennent en plus grande estime : le bois pour construire leurs maisons ; le vin, pour égayer leurs cœurs pendant l'hiver interminable au cours duquel l'océan figé, les flots sculptés sur place, les montagnes à la dérive, que vit Pythéas le Marseillais, les isole du monde. Voilà du moins ce que l'on m'a raconté. Maître Jacob affirme il est vrai, comme bon connaisseur de ces parages, que cette année la mer ne gèlera pas – ce qui arrive d'autres fois – car certains courants, venus de l'ouest, tempèrent souvent les rigueurs de la saison... Ce Maître Jacob est un homme jovial et de bonne compagnie ; il est venu échouer à la lointaine Gallway où il s'est mis en ménage avec un beau brin d'Écossaise au visage criblé de taches de rousseur et à la poitrine plantureuse, pour qui les problèmes de la pureté du sang qui, de nos jours, empoisonnent les royaumes de Castille, sont le dernier souci. Le bruit court, là-bas, depuis longtemps, que bientôt – le mois prochain, un de ces jours, on ne sait quand – les tribunaux de l'Inquisition commenceront à fourrer leur nez dans le passé, les origines, l'ascendance des nouveaux chrétiens. Qu'on ne s'en tirera plus en abjurant, mais que pour chaque converti on tiendra un compte exact, et d'une manière rétroactive, de ses pratiques, ce qui expose le suspect de fraude, de dissimulation, froideur ou hypocrisie, à la délation d'un quelconque débiteur, du premier venu qui convoite le bien d'autrui, d'un ennemi déguisé, d'une célestine habile à restaurer les virginités ou d'une sorcière qui jette le mauvais œil et veut détourner l'attention de son propre commerce de philtres magiques et de drogues aphrodisiaques. Mais il y a plus : née on ne sait où, une chansonnette circule de bouche en bouche, comme présage de jours funestes. C'est celle – je l'ai entendue – qui dit : *Allons, juifs, prenez vos cliques et vos claques...* ; on la chante peut-être sur un ton de plaisanterie, mais c'est une plaisanterie qui, si elle prenait consistance, pourrait être l'annonce d'un nouvel et proche exode. Que le Seigneur nous en préserve, car les juiveries sont la source de nombreuses richesses, et les Santangel, grands financiers, ont prêté au trésor royal de grandes quantités d'espèces sonnantes et trébuchantes, marquées au coin de leur circoncision. Maître Jacob s'est dit toutefois qu'un homme averti en vaut deux, et que l'on vit mal en diaspora ; aussi a-t-il voulu s'installer à Gallway, sous la protection de la firme Spinola et Di Negro, dont il entrepose les marchandises non loin de sa maîtresse, dodue, au visage criblé de taches de rousseur, à la poitrine plantureuse, qui rend sa vie agréable encore que son corps de rouquine exhale trop, parfois, une odeur fauve. Il sait d'autre part que quelque chose le rend indispensable : sa prodigieuse facilité à apprendre des langues en peu de temps. Il se débrouille aussi bien en portugais qu'en provençal, en génois qu'en picard ; l'anglais de

Londres n'a pas de secret pour lui, ni le jargon de Bretagne, ni même l'idiome abrupt, hérissé de consonnes, rocailleux et ronflant – « on dirait qu'on éternue en dedans », remarque-t-il – en usage dans l'île vers laquelle nous voguons ; île qui, dans la brume qui se colore à présent d'une couleur bizarre de terre de potier, commence à se dessiner à l'horizon peu après la neuvième heure. Nous sommes arrivés aux confins de la Terre !...

Je ne sais pourquoi Maître Jacob m'a regardé d'un air goguenard toutes les fois que j'ai parlé de « confins de la Terre ». Et maintenant que nous sommes à terre, dans une case faite de planches de bon pin de Cuenca, nous passant l'outre de vin au goût de résine, Maître Jacob, qui hausse le ton parce qu'il est un peu éméché, se moque de ce que quelqu'un puisse croire que l'on est parvenu à la limite du monde connu. Il dit même que les enfants qui en chaperons de peau et culottes pisseuses hantent les rues de ce port dont je n'arriverai jamais à prononcer le nom, riraient de moi si je disais que la terre que nous foulons ici est le terme ou la fin de quelque chose. Il m'étonne de plus en plus quand il me dit que ces hommes du Nord (on les appelle *Normands* pour cette raison, semble-t-il), avant que nous n'ayons entrepris de chercher à l'aveuglette de nouvelles routes à parcourir loin de notre pays natal, étaient arrivés par l'est aux contrées des *Rus*, et, conduisant leurs embarcations légères et élancées jusqu'aux fleuves du sud, avaient atteint les royaumes de Gog et de Magog et les sultanats d'Arabie, d'où ils avaient apporté des pièces de monnaie que l'on montrait ici avec fierté, comme des trophées obtenus en quelque Chersonèse... Et pour me prouver qu'il ne ment pas, Maître Jacob me montre des deniers et des dirhams, qu'il conserve comme des talismans dans son mouchoir de marin parce qu'ils viennent de contrées parcourues par ses lointains ancêtres des Tribus ; ce, en dépit de sa religion, que je connais bien, qui interdit la pratique de semblables superstitions. Le Maître boit longuement à la régalade le vin de son outre et tourne les yeux vers l'ouest. Il me dit qu'à une époque qui se perd dans la nuit des temps, un gentilhomme aux cheveux roux, d'ici, ayant été condamné à l'exil pour délit d'homicide, avait entrepris une traversée hors des routes usuelles ; celle-ci le conduisit à un vaste pays qu'il appela le « Pays Vert », à cause de la couleur verte des arbres. « C'est impossible », rétorquai-je à Maître Jacob, en m'appuyant sur l'autorité des plus grands cartographes de l'époque, qui ignoraient cette terre verte jamais mentionnée par nos plus habiles pilotes. Maître Jacob me regarde d'un air narquois et me déclare qu'il y a déjà plus de deux cents ans il y avait cent quatre-vingt-dix fermes dans ce « Pays Vert », deux couvents de moines, et même douze églises – l'une d'elles presque aussi grande que la plus vaste édifiée dans leurs royaumes par les *Normands*. Mais ce n'était pas tout. Perdus dans la brume, dirigeant leurs bateaux fantomatiques vers les nuits sans aube des mondes hyperboréens, ces hommes couverts de peaux, qui fendaient le brouillard au son de leurs buccins, avaient navigué toujours plus à l'ouest, découvrant des îles, des terres ignorées, mentionnées désormais dans un traité que je ne connais pas, intitulé *Inventio fortunata*, que semble avoir beaucoup compulsé Maître Jacob. Mais ce n'est pas tout. En gardant sans désemparer le cap sur l'ouest, un fils du marin aux cheveux roux, appelé *Leif-le-chanceux*, atteint une terre immense à laquelle il donne le nom de « Pays des Forêts ». Le saumon y abonde ; la baie et la mûre y poussent ; immenses sont les arbres, et – prodige incroyable à une telle latitude – l'herbe reste verte pendant l'hiver. De plus la côte n'est ni découpée ni hostile, ni creusée de grottes où mugit l'océan et où vivent de terribles dragons... *Leif-le-chanceux* s'enfonce dans ce paradis ignoré, où se perd l'un de ses marins, un Allemand nommé Tyrk. Plusieurs jours s'écoulent, et lorsque ses compagnons pensent qu'ils ne le reverront plus, ou qu'il a été dévoré par quelque fauve fabuleux, Tyrk réapparaît plus ivre que suppôt de taverne sévillane. Il déclare qu'il a trouvé d'immenses étendues de vigne sauvage, et que les raisins, mis à fermenter, donnent un vin qui, bon, il suffit de me voir, ici personne ne me fait peur, qu'on me laisse cuver mon vin, ça c'est le pays de cocagne, je ne veux plus repartir, et que personne ne m'emmerde parce que je lui coupe la tête comme le roi Beowulf a coupé celle du dragon aux crocs empoisonnés, ici le roi c'est moi, et celui qui aurait la prétention de me défier... Et il s'écroule, et vomit, et crie que tous les *Normands* sont des fils de pute... Mais voici qu'aujourd'hui est né pour les *Normands*, après le Pays Vert, le *Pays du Vin*... « Et si tu crois que je mens, dit Maître Jacob, procure-toi les écrits d'Adam de Brême et d'Ordéric Vital. » Mais je ne saurais où trouver ces textes, rédigés sûrement, pardessus le marché, en une langue que j'ignore. Ce que je veux, c'est que l'on me raconte, que l'on me dise – ici en cette île où jaillissent des jets d'eau bouillante des entrailles de rochers noirs – ce que rapportent en pinçant la harpe des hommes qui gardent en leur mémoire les choses du passé et qu'on appelle *scaldes*. Et mon ami le marrane me raconte qu'à l'annonce de la découverte du *Pays du Vin*, cent soixante hommes s'y rendent promptement, en une nouvelle expédition ; ils sont commandés par un certain Thorvald, un autre fils d'Erik le Roux exilé, et d'un certain Thorvard, son beau-frère, marié à une femme qui porte l'épée à la ceinture et le couteau entre les seins, du nom de Freydis. Et c'est, de nouveau, le saumon abondant, le vin acide qui enivre agréablement, les prairies qui restent toujours vertes, le mélèze, et l'on aperçoit même, à l'intérieur des terres, d'immenses plaines de blé sauvage. Tout s'annonce sous d'heureux auspices quand apparaissent, naviguant sur des barques qui semblent faites de cuirs d'animaux aquatiques, des petits hommes au teint cuivré, aux pommettes saillantes, les yeux un peu bridés, les cheveux raides comme crins de chevaux, que les hommes d'ici, membrus et vigoureux, trouvent très laids et mal bâtis. Au début on fait de bonnes affaires avec eux. De magnifiques affaires grâce à des trocs avantageux. On obtient de splendides fourrures en échange de n'importe quoi, pourvu que ce soit une nouveauté pour ces gens qui se font comprendre par signes : des agrafes de peu de valeur, des grains d'ambre, des colliers de verroterie mais, surtout, des draps de couleur incarnat, car apparemment le rouge, si prisé aussi par les *Normands*, exerce sur eux une irrésistible séduction. Et tout marche pour le mieux jusqu'au jour où un taureau, amené dans l'un des navires, s'enfuit de l'étable et se met à mugir sur la côte. On ne sait ce qui se passe avec les petits hommes : comme rendus fous par quelque chose qui, dans leur barbare religion, doit avoir un rapport avec quelque image du mal, ils se mettent à fuir ; mais ils reviennent plus tard en une horde grouillante, habiles grimpeurs, agiles, jetant une pluie de pierres et de graviers sur les géants blonds dont les haches et les épées sont inutiles dans une guerre de ce genre. C'est en vain que la femme Freydis met ses seins à l'air pour faire honte aux capons qui cherchent refuge sur leurs embarcations. Et se saisissant de l'espadon d'un guerrier, elle se précipite sur les lanceurs de pierres qui soudain atterrés par les hurlements de cette terrifiante furie prennent à leur tour leurs jambes à leur cou... Mais cette nuit-là, réunis en conseil, les *Vikings* – on leur donne aussi ce nom – prennent la décision de revenir à cette île-ci, pour réunir une nouvelle expédition plus importante et bien armée. Mais le projet éveillera peu d'enthousiasme chez des gens qui, au cours des ans, en suivant les chemins les moins périlleux, ont piloté leurs vaisseaux jusqu'à Paris, la Sicile et Constantinople. Nul, à présent, ne courra le risque d'affronter les dangers d'une installation hasardeuse en un monde où les ennemis – hommes et bêtes – d'une nature inconnue, inspirent moins d'épouvante que les mystères de montagnes abruptes, à peine entrevues ; de grottes qui peuvent être des cavernes habitées par des monstres ; de l'étendue illimitée des déserts ; de halliers où l'on entend pendant la nuit des hululements, des gémissements et des cris, qui attestent la présence de génies de la terre, d'une terre si vaste, si étirée vers le sud, qu'il faudrait des milliers et des milliers d'hommes et de femmes pour l'explorer et la peupler. On ne retournera donc pas à la Grande Terre de l'Ouest, et l'image du Vinland s'estompera dans le lointain, comme un mirage ; mais son souvenir merveilleux subsistera sur les lèvres des scaldes, tandis que son existence réelle est consignée sur le grand livre d'Adam de Brême, historien des archevêques de Hambourg, chargé d'apporter la croix du Christ aux contrées hyperboréennes déjà connues ou restant à découvrir où la parole des Évangiles n'aurait pas encore été entendue. Et il serait certes bien nécessaire d'y faire entendre le Verbe, car il y avait une multitude d'hommes qui ignoraient que Quelqu'un fût mort pour eux et d'autres qui, on le savait par ouï-dire, montaient sur des chars tirés par des chiens pour voyager au Pays de la Nuit Perpétuelle... Je demande à Maître Jacob quel est le nom de ces êtres, adonnés sûrement à de détestables idolâtries, qui avaient été assez braves pour bouter hors de leurs royaumes les géants blonds de ces contrées-ci. « J'ignore quel est le nom qu'ils se donnent, me répond le navigateur. Dans la langue de leurs découvreurs, on les appelle *skraelings*, c'est-à-dire – comment dirions-nous ?... – quelque chose comme mal bâtis, contrefaits, cagneux. Oui. C'est ça : cagneux. Car les *Normands*, bien sûr, sont robustes et de belle prestance. Et ces gens-là, petits, au nez camus, aux jambes courtes, leur firent l'effet d'avortons. *Skraelings*. C'est ça : cagneux... – Moi je préférerais dire : *Monicongos*. – C'est ça ! C'est ça ! s'écrie Maître Jacob : des *monicongos*... Le mot est bien trouvé ! »...

Il est tard et je me retire dans ma chambre du comptoir de Spinola et Di Negro, qui en cette région lointaine, avec tant de madriers entassés, avec tant de tonneaux achetés ici pour conserver une boisson appelée *biorr*, sent les résines de Castille. Mais je ne puis pas dormir. Je pense à ces navigateurs perdus au milieu des glaces et des brumes, avec leurs vaisseaux fantomatiques couronnés par une tête de dragon, voyant surgir des montagnes vertes sur la ligne floue de leurs horizons incertains, heurtant des troncs flottants, humant des brises chargées d'effluves nouveaux, pêchant des feuilles inconnues, des mandragores errantes qui ont poussé dans des anses ignorées ; je vois ces hommes du brouillard, à peine des hommes dans le voile vaporeux du brouillard, interrogeant la saveur des courants, goûtant la salure des écumes, déchiffrant le langage des vagues, attentifs au vol d'oiseaux surprenants, au passage d'un banc de poissons, à la dérive des varechs. Tout ce que j'ai appris au long de mes randonnées, toute mon *Imago mundi*, tout mon *Speculum mundi*, s'écroulent devant moi... Ainsi donc, en naviguant vers l'ouest, on trouve une immense terre ferme, peuplée de *monicongos*, qui se prolonge vers le sud comme si elle n'avait pas de terme ? Je dis qu'il est possible qu'elle s'allonge jusqu'à des zones torrides, à la latitude de Malaguette peut-être, puisque les fameux *Normands* y trouvèrent du saumon et des vignes. Et le saumon – sauf dans les Pyrénées, encore y est-il peu commun, comme sont peu communes toutes les choses du Pays basque – disparaît là où commence la vigne. Et le raisin descend jusqu'en Andalousie, jusqu'aux îles grecques que je connais, jusqu'aux îles Madère, et je crois même qu'il s'en trouve chez les Maures, quoique ceux-ci n'en tirent pas de vin parce que les commandements du Coran l'interdisent. Mais d'accord avec ce que je sais, là où ne pousse plus le raisin commence la datte. Peut-être trouve-t-on la datte, dans ces pays-là, au sud, plus au sud que le raisin... Dans ce cas... Toutes les cartes connues se confondent, se mêlent, se brouillent et s'embrouillent dans mon esprit. Il vaut mieux oublier les cartes, je les trouve tout à coup bien outrecuidantes, avec leur vaniteuse prétention de tout embrasser. Il est préférable que je me tourne vers les poètes qui, parfois, en des vers bien rythmés, ont énoncé de véritables prophéties. J'ouvre le livre des *Tragédies* de Sénèque qui m'accompagne dans ce voyage. Je m'arrête sur la tragédie de *Médée*, que j'aime tant parce qu'on y parle beaucoup du Pont et de la Scythie, de routes maritimes, de soleils et d'étoiles, de la Constellation de la Chèvre d'Olène, et même d'Ourses, qui s'étaient baignées dans des océans interdits, et je m'arrête sur la strophe finale du chœur sublime qui chante les prouesses de Jason :

> *... Venient annis*
> *saecula seris quibus Oceanus*
> *uincula rerum laxet et ingens*
> *pateat tellus Tethysque nouos*
> *detegat orbes nec sit terris*
> *ultima Thule.*

Je prends une plume et je traduis, à ma façon, en un castillan que je manie encore avec une certaine maladresse, ces vers qu'il m'arrivera de citer maintes fois à l'avenir : *Dans de longues années viendra un temps où l'océan desserrera les liens des choses et où se révélera une terre immense, car un marin surviendra, tel celui qui fut guide de Jason, et eut nom Tiphys, et il découvrira un nouveau monde, et alors l'île de Thulé ne sera pas la fin des terres.* Cette nuit vibrent dans mon esprit les cordes de la harpe des scaldes conteurs de prouesses, de même que vibraient dans le vent les cordes de cette haute harpe qu'était le vaisseau des Argonautes.

Je vis comme ensorcelé par ce que j'ai entendu dire à Maître Jacob. Je tourne et retourne dans mon esprit les moindres épisodes de cette prodigieuse découverte des hommes du nord, dont le récit nous est parvenu à travers les sagas. Ils appellent *sagas* en effet leurs romances qui, comme celui des Infants de Lara ou du Cid Campéador, nous conservent de grandes vérités dignes de foi, au-delà des séductions et des amènes tournures du style des jongleurs ou de la rhétorique fleurie des clercs. Et je pense, surtout, au problème des distances. Le voyage d'aller dut paraître long aux navigateurs, comme nous semble toujours long le chemin inconnu dont nous ne savons en combien de temps nous devrons le parcourir ; mais, en vérité, il ne doit pas être si loin de la Terre des Glaces (*Ice-Land*, comme on dit dans leur langue, c'est-à-dire la Thilé ou Thulé des anciens), cet autre pays du saumon et de la vigne, d'où ils furent repoussés – et j'ai peine à croire qu'ils aient eu si peu de courage – par une poignée de *monicongos* sans épées ni javelots. Car enfin, les romances de leur île rapportent aussi que *Leif-le-chanceux* alla de Nidaros au Vinland d'une seule traite ; selon un autre romance, il navigua du Vinland à

Iceland, sans virer de bord. Et ses navires sont magnifiquement charpentés, certes, légers, élancés, d'une longueur respectable et très marins. Mais il est vrai aussi qu'ils sont trop étroits et de faible tirant d'eau. Et dans le cas d'une longue randonnée l'équipage serait bientôt démuni des provisions nécessaires à sa subsistance. Donc le Vinland doit se trouver non loin de là, et c'est miracle que d'autres n'y aient pas accosté, après les hommes du nord. Si l'on a ignoré ce que je sais à présent, c'est peut-être que les très rares marins de Gênes, Lisbonne ou Séville qui allèrent en Islande croyaient que ce pays était en fait la limite de la Terre, et de plus ignoraient la langue faite, semble-t-il, de grognements et de graillements – comme si l'on éternuait en dedans – que manie si bien Maître Jacob ; et ils n'eurent pas, comme moi, la chance d'entendre les récits de ses habitants car Maître Jacob n'aime pas beaucoup boire avec la racaille des ports, tapageuse et grossière, qui voyage sur nos bateaux ; quant à notre brève mais cordiale amitié, elle est due à notre appartenance à une même confrérie, si l'on peut dire, celle du bas-ventre. Le fait est qu'à présent les années défilent devant mes yeux avec une folle rapidité. Je sais de bonne source qu'il y a à l'ouest un pays très étendu, riche et peuplé ; je sais qu'en naviguant vers l'ouest j'irai par des chemins sûrs. Mais si l'on venait à apprendre que je dois cette certitude aux récits que j'ai entendus à la Terre des Glaces, le mérite de mon entreprise serait bien amoindrir. Pis encore : le familier, le favori, le confident, le brillant capitaine d'un souverain ne seraient pas en peine d'obtenir les vaisseaux à ma place et de me rafler ma gloire de Découvreur, à laquelle j'accorde un plus grand prix qu'à tout autre honneur. Mon ambition doit être entourée d'un secret absolu. D'où la nécessité de taire la vérité. C'est pourquoi je m'empêtre dans un tel méli-mélo de mensonges, que seule ma confession générale débrouillera, en révélant au franciscain stupéfait qui m'entendra que, mon esprit échauffé à force de penser toujours à la même chose ; me voyant harcelé jour et nuit par la même idée, ne pouvant plus ouvrir un seul livre sans essayer de trouver, dans le sens caché d'un vers, un présage de ma mission ; en cherchant des prophéties, en appliquant l'oniromancie à l'interprétation de mes propres rêves ; en venant à consulter dans ce but les textes du Pseudo-Joseph, et les clés alphabétiques du Pseudo-Daniel, et bien sûr le traité d'Artémidore d'Éphèse ; en menant une vie fébrile, ou rongé d'inquiétude, en élaborant des projets plus ou moins fantastiques, je devins peu à peu un fieffé menteur – c'est le mot. Je dirai, oui je dirai qu'en faisant mon examen de conscience à mon heure dernière, je trouve que d'autres, bien moins menteurs que moi, furent conduits pourtant à payer de leur sang leurs pâles mensonges dans les autodafés de l'Inquisition. En effet, de peu de gravité sont les impostures de ceux qui trompent le jeune homme amoureux en lui vendant des philtres d'amour, qui conseillent de petites pratiques de sorcellerie pour favoriser des liaisons malhonnêtes, prescrivent des onguents préparés avec de la graisse d'ours, des langues de vipère, des piquants de hérissons ; de la terre de cimetière, des décoctions d'écorce de baguenaudier et d'herbes de la Saint-Jean ; des invocations à la Clavicule de Salomon ; de bien peu de gravité sont les intrigues célestinesques de ceux qui invoquent un Prince des Ténèbres trop occupé à ses machinations démoniaques pour accorder de l'importance à de telles sottises ; tout cela est de bien peu de gravité, dis-je, en comparaison des tromperies et des intrigues avec lesquelles des années durant je m'efforçai de gagner la faveur des princes de la terre, cachant la vérité vraie derrière des vérités feintes, donnant de l'autorité à mes affirmations avec des citations habilement tirées des Écritures, sans jamais manquer de couronner brillamment mes propos par les vers prophétiques de Sénèque :

> *... Venient annis*
> *saecula seris quibus Oceanus*
> *uincula rerum laxet...*

C'est ainsi que j'allai d'une cour à une autre, sans qu'il m'importât de savoir pour le compte de qui je naviguerais. Ce dont j'avais besoin, c'était de navires, quelle que fût leur provenance. Des navires solides, d'un grand tirant d'eau, avec des pilotes et des équipages d'un courage à toute épreuve ; il m'importait peu que ce fussent d'anciens galériens. Je n'emmènerais pas d'aumônier. Il me suffisait d'arriver *là-bas* – et ce serait déjà une prouesse ! – sans m'embarrasser de l'obligation de catéchiser les habitants, puisque je ne savais pas si les *monicongos* professaient quelque religion barbare difficile à extirper, qui requît les bons offices d'hommes sages et expérimentés dans la prédication aux gentils et la conversion des idolâtres. Il fallait d'abord traverser la mer océane : les Évangiles viendraient ensuite car ils marchaient tout seuls. Quant à la gloire obtenue grâce à mon entreprise, il m'était indifférent que tel ou tel royaume s'en parât devant le monde, à la condition que l'on me tînt parole quant aux honneurs personnels et à ma participation assurée aux bénéfices. De ce fait, je me procurai un retable aux merveilles, comme ceux que promènent les batteurs d'estrade dans les foires d'Italie. Je dressais mon théâtre devant des ducs et des altesses, des financiers, des moines et de riches hommes, des prêtres et des banquiers, des grands d'ici et d'ailleurs ; j'élevais un rideau de paroles, et sur-le-champ apparaissait, en un éblouissant défilé, le grand carnaval de l'or, du diamant, des perles et, surtout, des épices. Dona Cannelle, Doña Muscade et Dona Cardamome entraient au bras de Don Saphir, Don Topaze, Doña Émeraude et Doña Toute-Argent, suivis de Don Poivre, Don Gingembre et Don Clou de Girofle, au rythme d'un hymne couleur safran et fleurant bon le parfum de Malabar, dans lequel résonnaient, au milieu d'harmonieux accents, les noms de Cypango, du Cathay, des Colchides d'or, et de toutes les Indes – car il y en a plusieurs comme on sait. Indes nombreuses, foisonnantes, épicènes et spécieuses, indéterminées mais qui pourtant s'avancent vers nous, désireuses de nous tendre la main, de se mettre à l'abri de nos lois, toutes proches, plus proches que nous ne le pensions. Indes que nous pourrions atteindre à présent par une voie sûre, en naviguant à main gauche des cartes, dédaignant le périlleux chemin de la Main Droite, infesté depuis longtemps par des pirates mahométans, des forbans poussés par des voiles de jonc, quand on n'exigeait pas, si l'on venait par voie terrestre, de scandaleux droits de péage, de douane, de contrôle des poids et mesures, sur les territoires dominés par le Grand Turc... Main gauche, Main Droite. Je les ouvrais, les montrais, les agitais avec une habileté de jongleur, une délicatesse d'orfèvre, ou bien, prenant un ton dramatique, je les élevais comme un prophète, citais Isaïe, invoquais les Psaumes, allumais des lumières hiérosolymitaines, l'avant-bras magnifié par l'envol de la manche, montrant l'invisible, l'index tendu vers l'inconnu, faisant miroiter des richesses, soupesant des trésors aussi copieux que les perles imaginaires qui semblaient déjà s'échapper de mes doigts, et tomber à terre en rebondissant avec des reflets nacrés, sur l'amarante des tapis. Le noble et sage public applaudissait, louait mes idées personnelles sur le cosmos, rêvait un moment à mes promesses d'orfèvre visionnaire, d'alchimiste sans cornues, mais finalement me laissait au port – ce qui revenait à dire : à la porte – sans navires et sans espoir... Ainsi allais-je des années durant, avec mon retable de carnaval, sans que le verbe de Sénèque se fît chair dans la chair de celui qui gît à présent ici, couvert de sueur, fiévreux, le corps vaincu, dans l'attente du franciscain, son confesseur, à qui il dira tout, tout...

... Et je lui dirai qu'en attendant que mon désir se réalisât, faisant l'affaire la plus fabuleuse – et tout compte fait pour moi la plus mauvaise – jamais connue, alors que je me trouvais à Lisbonne je pensai, comme le poète, que « le monde travaille pour deux raisons » : la première, « pour pourvoir à sa subsistance », et la deuxième « pour faire l'amour avec une femme désirable ». Je vis Felipa, je la courtisai en gentilhomme accompli que je suis. Quoique de visage jeune et de bonne prestance, elle était veuve, pauvre, et avait une fille à charge. Mais je n'y attachai guère d'importance, me rappelant qu'elle était de bonne lignée, et la conduisis à l'autel de l'église où nous nous étions connus un jour où elle faisait ses dévotions. Je m'étais dit en définitive que non seulement c'était une femme désirable, mais qu'elle était de plus apparentée aux Bragance, et qu'il y avait là une porte ouverte – ce n'était pas la seule dans ce mariage – pour me permettre d'avoir accès à la cour du Portugal et d'y dresser mon retable aux merveilles... Mais les dures années d'attente commencèrent, car tout allait être attente dans celles qui suivirent : d'abord dans l'île de Puerto Santo, où j'allai vivre avec ma Felipa et où malgré l'agréable présence de celle qui – je cite de nouveau le poète – était « en amour ardente, soulas au lit, folâtre et rieuse », je brûlais d'impatience devant la multiplication des Signes qui me faisaient penser bien souvent à ce qui se cachait derrière l'horizon journellement contemplé. Sur les plages de cette île s'échouaient d'énormes troncs d'arbres inconnus sur la terre ferme d'Europe ; des plantes aux formes étranges, avec des feuilles trilobées, qu'on aurait dites tombées de quelque étoile. Quelqu'un me parla d'un madrier apporté par les flots, travaillé de curieuse façon, comme par des hommes qui, ne connaissant pas nos outils, avaient utilisé le feu pour façonner ce que nous fabriquons à l'aide de la scie ou de la varlope ; on parlait en outre, comme d'un grand événement, de la découverte, quelques années auparavant, de deux cadavres d'hommes « aux faces très larges » et à la conformation singulière. Ce dernier détail me parut invraisemblable car il était difficile de penser que ces corps fussent arrivés de si loin sans avoir été réduits au squelette par la multitude de poissons voraces que recèle l'océan, où, si les espèces connues sont innombrables, les inconnues et les monstrueuses sont en nombre incalculable. Il y a des poissons à tête d'unicorne, d'autres qui laissent échapper des cataractes par la gueule, et d'aussi monstrueux que l'aquatique tarasque, fille de Léviathan et d'Onoco qui était arrivée par mer de la Galatie asiatique jusqu'aux rives du Rhône ; elle s'enroulait autour de tous les navires qu'elle voyait, avec une telle force qu'elle faisait éclater les membrures et les coulait avec leur équipage et la cargaison... Je n'entrerai pas dans les détails au sujet de certaines affaires et de certaines randonnées de peu d'importance, que j'effectuai à cette époque, où me

naquit un garçon que j'appelai Diego. Mais devenu veuf
– donc libéré d'un lien qui avait quelque peu tempéré
mon impatience – le feu de mon ambition s'enflamma de
nouveau, et je me résolus à chercher une aide d'où qu'elle
vînt ; le moment était venu d'agir ainsi, car les navigateurs portugais devenaient de jour en jour plus auda-
cieux dans leurs découvertes et elle n'était pas sans fon-
dement la crainte qu'après avoir tant regardé vers le
sud et vers l'est, il ne leur vînt à l'esprit de se tourner
vers l'ouest, dont je considérais les routes comme
mon domaine légitime depuis que Maître Jacob avait
attisé mon ardeur aventurière. La moindre nouvelle qui
me parvînt sur les navigations des Portugais me tenait
en alarme. Le jour, la nuit, je vivais dans la terreur que
l'on ne me volât la mer – ma mer – de même que tremblait devant de possibles voleurs l'avare de la satire latine. Cet océan que je contemplais depuis les côtes en
pente raide de Puerto Santo était ma propriété et
chaque semaine qui passait augmentait le danger qu'on
me le volât. Et je me rongeais les sangs, et je me rongeais les ongles, je griffais de rage les rambardes des
navires des Centurione et des Di Negro – maintenant
associés ; ceux-ci m'employaient au négoce du sucre et
à de routinières randonnées commerciales qui m'ame-
naient de Madère à la Côte de l'Or, de Flores à Gênes,
puis retour aux Açores et retour à Gênes, achetant,
embarquant et débarquant des marchandises, débattant
les prix, alors que je me savais capable d'offrir au
monde une nouvelle image de ce qu'était le monde en
réalité. *Imago mundi ! Speculum mundi !* J'étais le seul,
moi marin obscur, élevé au milieu des fromages et des
vins d'une taverne, à connaître la vraie dimension de ces
mots. C'est pourquoi le moment était venu de me hâter.

Les cartes et les textes n'avaient plus rien à m'apprendre. Et comme j'avais besoin d'une aide royale pour donner le branle à mon entreprise, je me décidai à la chercher, tenacement, là où je pourrais la trouver. Il m'importait peu, finalement, de savoir quelle nation gagnerait, en m'apportant son aide, gloire infinie et richesses sans nombre. Je n'étais ni portugais, ni espagnol, ni anglais, ni français. J'étais génois, et nous les Génois sommes de partout. Il fallait visiter toutes les cours possibles, sans me soucier de savoir laquelle favoriserait mon succès ; il m'était indifférent que le souverain qui me patronnerait fût l'adversaire de tel ou tel autre... C'est pourquoi je dressai une nouvelle fois mon estrade aux merveilles, et j'entrepris une nouvelle tournée sur le continent. Je l'exhibai d'abord au Portugal, où je trouvai un roi qui en avait par-dessus la tête des cosmographes, des théologiens, et des auteurs de portulans, et qui se fiait les yeux fermés à ses navigateurs ; pour l'heure, ceux-ci étaient en train de prendre de l'embonpoint. Il me renvoya finalement à l'autorité de docteurs, de géographes, de canonistes et d'un sot évêque de Ceuta – quand bien même Ceuta serait Antioche ! – et de certains maîtres Rodríguez et Joseph, plus stupides et ignares que les putains de mères qui les avaient enfantés : ils eurent le front de soutenir que mes discours étaient pures mutations et variations effectuées, comme fantaisies dans un chant artistement modulé, sur la base de thèmes déjà mis en musique par Marco Polo. J'avais lu avec admiration le livre de ce grand Vénitien, mais je n'essayais nullement de mettre mes pas dans les siens, puisque mon souci était précisément d'arriver, en naviguant avec le soleil, à atteindre les royaumes où il était parvenu, lui, en allant contre le soleil. S'il avait dessiné dans son parcours un demi-cercle autour de la Terre, il me revenait de dessiner le deuxième. Mais je savais bien que la partie qui manquait pour boucler la circonférence était celle qui correspondait à la Nation des *Monicongos*... Je démontai donc mon retable et, déçu par le Portugal, je le remontai à Cordoue, où Leurs Majestés Catholiques le regardèrent d'un air soupçonneux. L'Aragonais me fit l'effet d'un être simplet, mou, sans caractère, dominé par sa femme qui, pendant l'audience que l'on m'avait accordée, m'écoutait parler avec une condescendance distraite, comme si elle eût pensé à autre chose. Je sortis de là avec la vague promesse que des savants – c'était toujours la même rengaine ! – examineraient ma proposition, car pour l'heure, les nombreuses préoccupations du gouvernement et les dépenses élevées occasionnées par la guerre qui... etc., etc. : prétextes inconsistants de souveraine très imbue d'elle-même, soucieuse de se montrer instruite, qui, à ce qu'elle affirmait, « se sentait toute bête, toute pauvrette » quand elle devait se mesurer aux théologiens de Tolède – fausse humilité de quelqu'un qui feint de reconnaître qu'il ne sait pas tout, quand il croit tout savoir. Je sortis de l'entrevue furieux, non seulement de dépit, mais encore parce que je n'ai jamais voulu traiter d'affaires avec des femmes, sauf au lit ; et il était évident que dans cette cour c'était la femme qui commandait, qui montait à la vérité[1]... Mais, comme l'homme ne peut pas se passer de femme, je pris pour concubine la belle Biscaïenne qui devait me donner un second fils. Nous ne parlâmes pas de mariage, dont je ne voulais pas, car ma

---

1. Allusion à la devise des Rois Catholiques : *Tanto monta, monta tanto Isabel como Fernando.* (N.d.T.)

nouvelle maîtresse n'était apparentée ni à des Bragance ni à des Medinaceli ; je dois d'autre part avouer que lorsque je l'emmenai à la rivière pour la première fois, croyant qu'elle était pucelle, il me fut aisé de m'apercevoir qu'elle avait eu avant moi un mari[1]. Ce qui ne m'empêcha pas de faire route le plus agréablement du monde, sur une pouliche de nacre, sans brides ni étriers[2], tandis que mon frère Barthélemy allait monter mon estrade en Angleterre, devant le trône du premier Tudor de ce nom. Mais très vite on se rendit compte que là non plus elle ne connaîtrait pas un brillant accueil, car ces Anglais de merde ne savent rien des choses de la mer, incapables qu'ils ont été, jusqu'à présent, de se procurer un paquet de cannelle ou un sachet de poivre, à moins que ce ne fût dans la boutique du marchand d'épices. Je pensai alors au roi de France, riche comme Crésus, maintenant qu'il venait de gagner, par un heureux mariage, le duché de Bretagne. Mais, pour les Bretons de la duchesse Anne, la baleine et le hareng, la bougie et la saumure étaient des valeurs plus sûres que l'or des Indes, et là-bas non plus je n'obtins d'audience utile... Malgré les échecs et les désillusions, toutefois, je prenais de plus en plus de grands airs. Comprenant qu'on n'écoute dûment que celui qui en impose, intimide les huissiers, s'impatiente dans les antichambres, aligne

---

1. Allusion au poème *La casada infiel* (in *Romancero Gitano*) de García Lorca : *y yo que me la llevé al río/creyendo que era mozuela,/pero tenía marido.* (« Et moi qui l'emmenai à la rivière,/ croyant qu'elle était fille, /alors qu'elle avait un mari ! »). (*N. d. T.*)
2. Garcia Lorca, *op. cit* : *Aquella noche, corrí/el mejor de los caminos, /montado en potra de nácar/ sin bridas y sin estribos.* (« Cette nuit-là j'ai couru/le chemin le plus fleuri,/sur une pouliche de nacre/sans brides ni étriers.) (*N. d. T.*)

des titres et des honneurs, je me créai toute une mythologie destinée à faire oublier la taverne de Savone – tes père et mère honoreras ! – dont le propriétaire était un cardeur et marchand de fromages qui ne levait pas le nez des canettes de ses barriques, et se bagarrait journellement avec des ivrognes impécunieux. Soudain je tirai de mes manches un oncle amiral ; je prétendis avoir pris mes grades à l'Université de Pavie, alors que je n'y avais mis les pieds de ma putain d'existence. Je laissai entendre avoir été l'ami – en fait je ne l'avais jamais vu – du roi René d'Anjou, et pilote distingué de l'illustre Coulon le Jeune. Je devins un homme comme il faut, et comme tel, je maniais l'intrigue avec plus de bonheur qu'auparavant. Tout m'était bon : cancans, bruits que je faisais courir, propos tenus sans en avoir l'air, messes basses, traits d'esprit, confidences chuchotées sous la promesse et le serment de ne les répéter à quiconque, lettres lues à moitié, feints projets d'une prompte absence afin de répondre à l'appel urgent d'autres cours. Je fis croire sous main à l'Aragonais et à la Castillane – par le truchement d'un médecin et d'un astrologue plus intrigant que Belzébuth que j'eus la chance de convaincre – qu'en raison de la défiance injustifiée des uns et de la sotte obstination des autres, ce royaume allait laisser échapper une affaire fabuleuse, dont d'autres souverains mieux conseillés avaient entrevu les immenses profits... Voilà comment, par disposition royale, je fus gratifié de façon inespérée d'une mule grise, très bien harnachée, pour me permettre en trottinant sans trop empoussiérer l'unique vêtement décent que je possédais de me rendre au vaste campement de Santa Fe. C'était un immense caravansérail militaire transformé en capitale et en cour royales par la présence des souverains. Entre les tentes de drap somptueux et celles qu'on avait dressées avec des courtepointes rapiécées, on voyait des feux de bivouac, des quartiers de viande qui grillaient sur des chariots protégés par une toile, des outres de gros rouge chargées sur des ânes ; on entendait des pincements de guitare et les claquettes des putains qui dansaient sur une estrade, des appels de trompettes et des claquements de castagnettes. C'est de là que devaient partir les troupes qui, rompant un long siège, donneraient l'assaut final au dernier rempart de Mahomet. A dire vrai, et on le savait bien, les renégats de tout acabit pullulaient dans le pays ; on y trouvait des musulmanes qui, de mère en fille, s'étaient accouplées à des chrétiens accrochés par où je pense, comme le fut le roi Alphonse VI qui, avant de forniquer avec sa sœur Doña Urraca – quelles familles, Seigneur ! – avait eu longtemps pour concubine la fameuse Zaïde ; c'était une de ces Mauresques sévillanes bien plantées, aux seins hauts, dont le corps fleure bon le massepain de Tolède que l'on vend sous la forme d'un serpent du paradis, enroulé dans une boîte ronde, toute pailletée d'or, avec des yeux verts en sucre, et une langue rouge en pâte de guimauve.

On était au mois de juillet. Je venais d'avoir quarante ans. Sans prétendre être un bel homme, je me savais d'élégante tournure, les traits nobles et le nez aquilin, le regard droit, la parole facile et le geste viril ; mon visage sans rides était hâlé par les vents de la mer et les soleils d'Afrique, mais ma tête était déjà chenue, ce qui me donnait une certaine majesté, unie à l'idée d'expérience et de discernement que l'on attribue, parfois à tort, à tout ce qui dénote, chez nous, le passage des années. Il faisait chaud lorsque j'arrivai à Santa Fe.

Elle aussi venait d'avoir quarante ans. Excusant l'absence de son époux accaparé par des tâches plus importantes – en réalité dresser des faucons, boire de bonnes bouteilles et courir les filles – elle me reçut seule, dans son appartement privé, au milieu de meubles mauresques, incrustés de nacre, qui lui étaient échus à la suite du repli des infidèles sur Grenade. Il y avait cinq ans que je ne l'avais vue, après cette entrevue désagréable où en raison de son ton déplaisant et du peu d'attention qu'elle avait accordée à mes paroles, elle m'avait paru franchement odieuse. Cette fois-là je n'avais pas remarqué, à cause du voile qui recouvrait sa tête, qu'elle était blonde, très blonde, à l'instar de certaines Vénitiennes ; ses yeux, d'un bleu vert, étaient d'une grande beauté, dans un visage aussi lisse et rose que celui d'une jeune fille, auquel donnait beaucoup de charme une moue ironique et spirituelle, due peut-être aux nombreux succès que lui avait valu son intelligence pénétrante en un temps de dissensions politiques et de décisions capitales. La reine n'était plus – et cela était notoire – amoureuse d'un mari qui ne méritait pas un tel sentiment et qui la trompait au su et au vu de ses domestiques, avec la première venue : dame d'honneur ou de la cour, jolie femme de chambre ou laveuse de vaisselle bien tournée, quand il ne se laissait pas accrocher par quelque Mauresque convertie, ou une juive au tempérament chaud, ou encore une cantinière, s'il n'avait pas plus appétissant morceau à se mettre sous la dent. La femme avec qui je m'entretenais à présent de mon grand projet exerçait la réalité du pouvoir – et cela tout le monde le savait. C'est elle qui menait, énergiquement, les affaires de l'État ; c'est elle qui à Ségovie, le jour de sa proclamation, était entrée dans la cathédrale, derrière le chancelier, portant bien droit une épée, attribut d'homme, en la tenant par la pointe, comme symbole de souveraineté et de justice ; et que d'acerbes critiques avait fait naître une telle ostentation de mâle volonté ! L'Aragonais ne faisait rien – excepté bien sûr, quand il s'adonnait à ses débauches – sans le consentement de la reine. Il devait lui soumettre ses décisions et ses décrets ; c'est à elle encore qu'il remettait ses lettres et elle les lisait avec un tel mépris que si l'une d'entre elles lui déplaisait, elle la faisait déchirer sur-le-champ par un secrétaire en présence de son mari, dont les ordres, c'était bien connu, n'étaient guère obéis, même en Aragon et en Catalogne. Par contre, tout le monde tremblait devant les décisions de celle que l'on considérait, dans tout le royaume, comme ayant une personnalité plus accomplie, un esprit plus délié, un plus grand cœur et un savoir plus sûr. Au cours de cette première entrevue avec la reine, née à Madrigal de las Altas Torres (j'aurai plus tard bien raison d'aimer le nom de ce bourg), je parlai de ce qui était toujours le sujet de mes entretiens avec les grands et les puissants ; j'exhibai une fois de plus mon retable des merveilles, mes paysages éblouissants, mais en me faisant le prophète de prodiges possibles, j'en vins à développer une nouvelle idée qu'avaient fait mûrir de récentes lectures, et qui sembla plaire beaucoup à mon auditrice. Me fondant sur la conception qu'avait Paul Orose de l'histoire universelle, j'expliquai que de même que le mouvement des cieux et des astres va d'orient en occident, de même la monarchie du monde était passée des Assyriens aux Mèdes, des Mèdes aux Perses, puis aux Macédoniens, et ensuite aux Romains, après eux aux Gaulois et aux Germains, et finalement aux Goths, fondateurs de ces royaumes-ci. Il était donc juste qu'après l'expulsion des Maures de Grenade, qui ne tarderait pas, nous tournions nos regards vers l'occident, en poursuivant la traditionnelle expansion des royaumes, régie par le mouvement des astres ; nous atteindrions les grands et véritables empires d'Asie – car ce n'étaient que de simples miettes de royaumes qu'avaient entrevues jusqu'ici les Portugais dans leurs navigations en direction du levant. Naturellement, j'invoquai la prophétie de Sénèque, avec tant de bonheur que ma royale auditrice se montra fière de m'interrompre pour citer de mémoire quelques vers de la tragédie :

Haec cum femineo constitit in choro
unius facies praenitet omnibus.

M'agenouillant devant elle je répétai ces vers, affirmant que le grand poète semblait avoir pensé à elle, en écrivant : « Quand elle se dresse au milieu du chœur des femmes » – de toutes les femmes du monde – « son visage seul resplendit plus que tous les leurs »[1]. Elle eut

---

1. Traduction française de Léon Hermann, Sénèque, *Tragédies*, tome I, « Les Belles Lettres », Paris *(N.d.T.)*.

en m'écoutant comme un léger et délicieux cillement, elle me releva et je m'assis à côté d'elle ; puis nous nous mîmes à reconstituer par bribes, faisant appel à notre mémoire, la belle tragédie... Et ce jour-là, poussé par une audace dont je ne me serais pas cru capable, je prononçai, comme si un autre les avait dites, des paroles que je ne répéterai pas dans ma confession, qui me firent sortir des appartements royaux alors que commençaient à retentir les dianes des campements. Et à partir de ce soir de bonheur, une seule femme exista pour moi dans un monde qui m'attendait pour achever de s'arrondir.

Mais le monde était impatient de s'arrondir. Et moi je brûlais d'une impatience plus vive encore, empêtré que j'étais de nouveau dans des imbroglios, des controverses, des cogitations, des démonstrations, des arguties, des discussions – quel merdier ! –, de cosmographes, géographes, théologiens, que j'essayais de convaincre du bien-fondé et de la haute utilité de mon entreprise ; mais, comme toujours, je ne pouvais découvrir mon grand secret, celui que m'avait révélé Maître Jacob pendant les nuits blanches de la Terre des Glaces. Si j'avais pu parler – et je faillis le faire plus d'une fois, tant j'enrageais – j'aurais confondu mes contradicteurs chicaniers. Mais alors celui qui aspirait à être un Géant Atlas se serait mis au niveau d'un quelconque marin, plus cabaretier qu'étudiant de Pavie, plus marchand de fromages que pilote de Coulon le Jeune. Et allez donc savoir si, à la fin, on n'aurait pas confié à un autre le commandement de la flotte que je voulais pour moi ! Plusieurs mois passèrent, Grenade finalement tomba, les juifs furent expulsés d'Espagne – « Allons, juifs, prenez vos cliques et vos claques ! » – et la gloire souriait aux deux souverains dans toutes leurs entreprises, mais ma situation n'avait toujours pas d'issue. Les nuits où *Columba* – ainsi l'appelai-je quand nous étions en tête à tête – m'accordait son intimité, elle me promettait trois caravelles, dix, cinquante, cent caravelles, toutes les caravelles du monde : mais, dès que l'aurore pointait, les caravelles se volatilisaient, et je restais seul, je rentrais chez moi aux premières lueurs de l'aube, voyant tomber les mâts et les voilures qui s'étaient dressés triomphalement dans mes visions grandioses, rendus, dans la clarté du jour, à l'irréalité vaporeuse des rêves qui jamais ne se fixent en images tangibles... Et j'en venais à me demander si mon destin ne finirait pas par être celui de tant d'amoureux de leur souveraine qui, comme Don Martín Vázquez de Arce, le tendre et beau Damoiseau de Sigüenza, avait péri en un fougueux combat contre les Maures pour avoir voulu se surpasser en héroïsme et en bravoure devant sa Dame – inspiratrice de ses travaux, phare de sa constance. (Et que j'étais jaloux, parfois, de ce jeune guerrier poète à qui j'attribuais, dans mes pensées d'amoureux, plus de succès peut-être qu'il n'en avait connu auprès de Celle qui éludait toujours son souvenir, sans doute parce qu'il lui était si agréable qu'elle craignait qu'on ne lût sa passion dans ses yeux ! Il souffre un grand tourment celui qui, étant de la race commune fragile comme verre, approche la pointe du diamant !)

J'avais déjà vu hisser les étendards royaux sur les tours de l'Alhambra ; j'avais assisté à l'humiliation du roi maure, sortant de sa ville vaincue pour baiser les mains de mes souverains. Et maintenant de grands desseins mûrissaient : on parlait de porter la guerre en Afrique. Mais pour moi il n'était question que de : « nous verrons ça, nous étudierons l'affaire, nous en discuterons, il vaudrait mieux attendre un peu, le temps est un remède à tous les maux, la patience est une grande vertu, il ne faut pas lâcher la proie pour l'ombre... ». J'avais réuni déjà un million de maravédis grâce aux Génois de Séville et au banquier Berardi. Mais j'avais besoin d'un autre million pour prendre la mer. Et c'était cet autre petit million que Columba me promettait tous les soirs pour me le retirer au point du jour – je le savais sans qu'elle eût à me le dire – dans le « pars à présent » des adieux. Une nuit enfin j'éclatai. Laissant exploser ma colère, je lui criai qu'en dépit de ma courtoisie et de mon humble attitude à son égard, car je n'oubliais pas qu'une pourpre, même invisible, enveloppe toujours un corps de reine, je ne pensais le céder à aucun monarque et que, sans couronne garnie de joyaux, mais auréolé par le nimbe de ma grande idée, je valais autant que les têtes couronnées de Castille et d'Aragon. « Marrane ! me cria-t-elle. Tu n'es qu'un marrane ! – Je suis un marrane ! répondis-je sur le même ton. Et personne ne peut le savoir mieux que toi qui sais qui je suis et qui j'ai été ! » Et cette fois, sans pouvoir garder davantage le secret que je portais en moi depuis si longtemps, je lui révélai ce que j'avais appris, dans la lointaine Terre des Glaces, au sujet des navigations d'Erik le Roux, de son fils Leif, et de la découverte, par eux réalisée, de la Terre Verte, et de la Terre des Forêts, et des Terres de la Vigne ; je lui montrai le merveilleux paysage des sapins, des champs de blé sauvages, avec ses torrents qu'argentaient les saumons ; je lui dépeignis les *monicongos* parés de colliers d'or, de bracelets d'or, de plastrons d'or, de casques d'or, et je lui dis qu'ils adoraient des idoles en or et que l'or, dans leurs rivières, était aussi abondant que les cailloux sur le haut plateau castillan...

Devant la stupéfaction qui avait rendu Columba muette, je lui déclarai avec emportement que je m'en allais pour ne plus jamais revenir et que j'irais offrir sur-le-champ ma grande entreprise au roi de France, fort disposé à la financer ; celui-là certes avait une femme intelligente, très attirée par la mer, comme bonne Bretonne, digne descendante d'Hélène d'Armorique, fille du roi Clohel, épouse de Constantin le Vieux, choisie par le Seigneur pour exhumer la Croix qui reposait à vingt empans sous terre, sous le mont Golgotha de Jérusalem. Voilà des gens à qui on pouvait se fier et c'est pourquoi je m'en allais ailleurs avec mon retable des merveilles !... Ces paroles semblèrent rendre furieuse Columba : « Marrane ! Cochon de marrane ! Tu vendrais le Christ pour trente deniers ! » me cria-t-elle pendant que je sortais de son appartement en claquant la porte. En bas, attachée par le licou sous les arbres, m'attendait ma bonne mule grise. Furieux comme je ne me rappelle l'avoir jamais été – et plus encore pour avoir lâché le grand secret que j'aurais dû garder – je chevauchai deux bonnes lieues, et descendis dans une auberge avec l'intention de boire tout mon soûl. On était au début d'avril. La lumière un peu orangée, si caractéristique de la « vega » de Grenade, faisait ressortir le vert des champs. Les chardonnerets chantaient. Tout était joie dans cette auberge déjà pleine, à une heure aussi matinale, de paysans endimanchés. Les cloches d'une église appelaient à la messe. Mais moi j'étais sombre ; chaque verre, au lieu de dissiper ma mauvaise humeur, m'enfonçait dans le désespoir de celui qui a commis une faute irréparable. J'avais tout perdu, tout. La faveur royale, et un espoir certes toujours déçu mais qui me soutenait encore quelques heures plus tôt. J'avais déjà vidé une cruche de vin lorsque je vis entrer un alguazil qui, à en juger par son vêtement taché de sueur et couvert de poussière, avait sans doute couru à bride abattue pour atteindre le village où je me trouvais. En me voyant il vint droit sur moi : Sa Majesté me faisait appeler en toute hâte, me priant de ne pas poursuivre ma route... Peu après midi, ayant rafraîchi mon visage et ma tenue, j'étais en présence de ma royale maîtresse. « Tu as le million de maravédis », me dit-elle. Elle l'avait demandé au banquier Santangel sur le ton sans réplique que je lui connaissais. Elle lui avait donné en garantie des bijoux qui, à la vérité, avaient beaucoup moins de valeur. « Je les récupérerai quand je voudrai, dit-elle. Et sans rendre le million. » Elle me regarda avec un air entendu : « Nous avons expulsé les juifs. Pour Santangel la bonne fortune de pouvoir rester dans ces royaumes où il fait de si bonnes affaires vaut bien un million. Et maintenant : prends tes cliques et tes claques. Bonne chance. Trouve-moi tout l'or que tu pourras pour que nous puissions porter la guerre en Afrique. – Jusqu'à la reconquête de Jérusalem, de même qu'a été reconquis le royaume de Grenade, dis-je. – Peut-être, répliqua-t-elle... – Mais ne confie mon grand secret à personne », dis-je alarmé tout à coup à la pensée que Santangel pourrait être au courant de ... « Je ne suis pas si sotte ! répondit-elle. Dans ce secret il y a de la gloire pour nous deux. – L'Esprit Saint t'inspire, dis-je en lui baisant les mains. – Un jour peut-être publiera-t-on tout cela dans des livres, rétorqua-t-elle. Des livres qui ne seront écrits, bien sûr, que si tu découvres quelque chose. – Tu en doutes ? – *Alea jacta est...* » Au-dehors, on entendait un Maure porteur d'eau qui, avec son chapeau à glands, sa casaque bariolée et les couilles à l'air, criait la fraîcheur de petites outres suspendues à son cou ; il était si affairé à transvaser sa marchandise que rien d'autre n'existait pour lui, comme si le royaume de Grenade n'avait pas changé de maître.

Nous partîmes le troisième jour d'août de la barre de Saltes à huit heures. Nous fîmes voile sous une forte brise du large jusqu'au coucher du soleil, cap au sud pendant soixante milles, c'est-à-dire quinze lieues ; puis au sud-est et au sud en prenant un quart sud-est, c'est-à-dire en direction des Canaries... Rien d'important ne fut à signaler après notre départ et notre navigation se déroula sans histoire jusqu'au sixième jour de septembre où nous appareillâmes de l'île de la Gomera. La grande aventure commençait. Je dois dire que si je m'imposais de montrer à tous un visage souriant, et d'afficher à tout instant une grande satisfaction, la nuit venue, il m'était impossible de dormir paisiblement. Les premiers feux de l'aurore apparaissaient, et je considérais encore les difficultés que j'aurais à surmonter dans ce hasardeux voyage au lointain Vinland – ou à son prolongement méridional – que j'avais présenté à ma Dame comme une province, ou avancée, d'un royaume gouverné par le Grand Khan ou quelque autre prince des Indes, à l'intention de qui on m'avait remis des lettres de créance ; pour le cas où ma fiction s'avérerait fondée, j'emmenais à bord un certain Luis de Torres qui avait été juif (« avait été » s'employait beaucoup à cette époque-là...) ; et qui parlait, disait-on, outre l'hébreu, le chaldéen, et un peu l'arabe. Mais l'équipage était de mauvaise qualité. Sur mes caravelles naviguaient plus de chrétiens de très fraîche date, de coquins fuyant la justice, de circoncis menacés d'expulsion, de gueux et d'aventuriers, que de loups de mer et de marins de métier. Les manœuvres étaient mal exécutées, les ordres mal interprétés. Je ne soupçonnais que trop, si la navigation se prolongeait beaucoup plus que prévu, que les hommes, se sachant de plus en plus éloignés du continent, et n'ayant aucune terre en vue (tous étaient anxieux de la découvrir, car la couronne avait offert une rente viagère de dix mille maravédis à celui qui l'annoncerait le premier...) seraient une proie facile pour le dégoût, le découragement et l'incoercible désir de retourner en Espagne. Trop vives étaient encore, dans beaucoup d'esprits, les images d'océans ténébreux, de mers sans fin, de courants qui entraînaient les navires en des lieux où les flots se joignent au ciel, courants inséparables depuis des siècles des eaux que nous sillonnions à présent, pour qu'au bout d'une très longue attente elles ne se missent à nouveau à hanter les imaginations, amollissant la volonté, et incitant à la désobéissance. C'est pourquoi je pris la résolution de recourir au mensonge, à l'imposture, à l'éternelle imposture dans laquelle je devais vivre (cela certes je le dirai au confesseur franciscain que j'attends à présent), dès le dimanche 9 septembre, jour où je décidai de compter chaque jour moins de lieues que celles que nous parcourions pour que, si le voyage était long, l'équipage ne perdît pas courage et ne fût pas épouvanté. Le lundi, ayant navigué sur une distance de soixante lieues, je déclarai que nous n'en avions parcouru que quarante-huit. Le mardi – jour où la brise fut faible – j'en comptai vingt, mais n'en déclarai que seize. Au début je diminuais mon compte de trois ou quatre lieues par jour. Mais à mesure que le mois de septembre avançait et qu'il me semblait remarquer de l'inquiétude sur les visages, je soustrayais un nombre plus élevé de lieues de la somme totale de celles que nous avions faites. Le 18, j'en déclarai quarante-huit au lieu de cinquante-cinq... Et quand nous arrivâmes au 1er octobre, mon calcul réel était de sept cent vingt lieues, mais pour donner le change, j'en montrai un autre qui n'en totalisait que cinq cent quatre-vingt-quatre... Certes on voyait flotter devant notre proue, comme arrachées à des îles situées dans la direction que nous suivions, des plantes étranges, semblables à des branchettes de pin, d'autres, d'un vert jaunâtre, comme des grappes flottantes de raisin, mais des raisins qui faisaient plutôt penser à des fruits de lentisque. Sur nos têtes passaient des oiseaux apparemment terrestres, qui ressemblaient à des pélicans et aussi à des linottes, et d'autres, blancs comme des mouettes, d'autres encore, à queue fourchue, devant lesquels je me livrais à d'exubérantes démonstrations de joie. Mais beaucoup disaient que cela ne prouvait rien ; que dans le ciel de la Méditerranée volaient tous les ans des cigognes venues des royaumes d'Allemagne ; pour échapper à la neige et aux bourrasques, elles cherchaient en hiver la chaleur du soleil qui baignait les minarets mauresques. Il y avait d'autre part des oiseaux qui pouvaient dormir sur les flots et l'on connaissait même les mœurs de l'alcyon, capable de nicher et de couver ses œufs au milieu des eaux. Et puis il y avait les allusions perfides, les calomnies. A mesure que les jours passaient, la méfiance se propageait, de caravelle en caravelle. Des commentaires insidieux, qui prenaient naissance sur un bateau, envahissaient les deux autres comme par enchantement ; je suis convaincu que ceux qui faisaient courir tous ces bruits malveillants étaient les plus instruits des membres de mon équipage ; il est triste en effet de constater que la critique méchante, les jugements mesquins et même les fausses nouvelles fleurissent, comme plante sauvage, là où les hommes, parce qu'ils ont quelques lectures et croient posséder quelques miettes de savoir, sont particulièrement heureux de faire les mauvaises langues sur le dos du prochain, surtout quand ils n'ont pas à donner d'ordres mais à en recevoir. Je soupçonne que mes détracteurs étaient Rodrigo de Jerez, qui affichait des airs de savant, le nouveau chrétien Luis de Torres, qui se vantait de parler le chaldéen et l'arabe, et même l'Andalou par trop bavard Martín Alonso qui avait gagné toute ma confiance mais m'inspirait de moins en moins de sympathie ; ce sont eux qui avaient répandu le bruit selon lequel je ne savais pas me servir correctement de l'astrolabe – ce qui était vrai peut-être, je dois le reconnaître, puisque, dans un lointain passé je m'étais trompé gravement en voulant déterminer la latitude du royaume de la Mine en Afrique. (Mais, encore une fois cela remontait à un passé lointain...) Ils racontaient aussi, dans leurs bavardages médisants, que la carte de Toscanelli que j'avais dans ma cabine ne servait à rien d'autre qu'à flatter ma vanité, car j'étais incapable de pénétrer les arcanes des mathématiques du vaniteux magister. C'était peut-être vrai, mais je m'en étais consolé depuis longtemps, me disant que Toscanelli, très imbu de sa science, considérait comme non valables les mathématiques de Nicolas de Cusa, ami du pontife Pie II, dont l'*Historia rerum* figurait parmi mes livres de chevet. (Quant à moi – et cela les Espagnols médiocrement instruits qui m'accompagnaient ne pouvaient le comprendre, car leur science n'allait pas au-delà du calfatage, de la salaison du poisson et de la pêche au thon –, je pensais que si Nicolas de Cusa était peu versé en mathématiques, comme l'affirmait ce pédant de Toscanelli, il défendait en revanche la *docta ignorantia* dont je suis un adepte : *docta ignorantia* qui ouvre les portes conduisant à l'infini, opposée à la logique scolastique des philosophes et des théologiens ; celle-ci bâillonne les intrépides, les voyants, les Porteurs de l'Idée, véritables *céphalophores* avides de violer les frontières de l'inconnu, met un bandeau sur leurs yeux, et bouche leurs oreilles...) Mais non contents de corrompre mes matelots avec leurs commérages et leurs potins, ces gredins insinuaient que dans mes mesures je confondais les milles arabes d'Alfragan et les milles italiens en usage. Mais, en dépit de l'irritation qu'il me causait, ce dernier détail commençait à me paraître fondé, à ma grande honte. En effet, hors de mon mensonge délibéré dans le calcul du chemin parcouru, je me disais que si j'avais confondu les milles, comme l'insinuaient ces Espagnols de merde, j'étais en train de diminuer gravement les dimensions du monde, raison pour laquelle ce voyage durerait passablement plus que je ne l'avais cru, provoquant l'alarme la plus vive parmi les équipages rongés d'inquiétude.

La nuit du 9 octobre je fus informé qu'une conjuration se tramait à bord des caravelles. Le lendemain les matelots vinrent me voir pour me dire – sur un ton d'abord suppliant, puis de plus en plus insolent – qu'un aussi long voyage passait les bornes du supportable ; qu'ils souffraient les affres de l'angoisse ; que les biscuits et la cécine grouillaient de vers ; que les malades étaient nombreux ; qu'ils ne se sentaient pas le courage d'aller plus avant ; qu'il était temps enfin de renoncer à une entreprise dont on ne voyait pas le terme et qui ne pouvait conduire à rien de bon. Usant de toute mon énergie, faisant appel à l'éloquence que j'avais déjà employée dans mes controverses avec des souverains, des théologiens et des hommes doctes ; brandissant la menace, d'ailleurs toute théorique, du gibet contre les plus effrontés et les plus turbulents, je fis miroiter tant de richesses qui d'un moment à l'autre allaient tomber dans nos mains, ne demandant qu'un délai de trois ou quatre jours, que je réussis à conjurer la tempête de récriminations qui me menaçait, sous le regard narquois de Martín Alonso – j'ai de moins en moins de sympathie pour cet homme – qui me disait : « Pendez-les... pendez-les » ; mais il savait bien que si j'avais ordonné d'en pendre un seul, personne ne m'aurait obéi – et moins encore les maudits Galiciens et Biscaïens que pour mon malheur j'avais engagés ; et j'aurais perdu immédiatement prestige, autorité et même honneur. (C'était peut-être ce que cherchait Martín Alonso...) Je savais, de toute façon, que mes journées de navigation étaient comptées. Si quelque chose d'extraordinaire ne se passait pas demain, après-demain, ou un jour plus tard, il faudrait retourner en Castille, tous mes rêves si misérablement brisés, que je n'osais imaginer l'aigreur, parfaitement justifiée, avec laquelle m'accueillerait la Dame de Madrigal de las Altas Torres. Lorsque celle-ci sortait de ses gonds, elle laissait tomber de ses lèvres royales un langage de muletiers, et imitait les Maures dans la façon d'injurier et de salir, jusqu'à la cinquième génération, l'ascendance maternelle du coupable... Mais l'extraordinaire se produisit le jeudi 11, quand mes gens pêchèrent un petit madrier, élégamment travaillé de main d'homme. Les marins de la *Niña*, de leur côté, trouvèrent un petit bâton couvert d'anatifes qui flottait sur les vagues. Nous étions tous en alerte, anxieux, dans l'attente d'un événement. Certains disaient que la brise sentait la terre. A dix heures du soir je crus apercevoir des lueurs dans le lointain. Pour en être plus sûr, j'appelai le contrôleur Rodrigo Sanchez et l'officier de la maison du roi, qui furent de mon avis. Et à deux heures du matin du vendredi Rodrigo de Triana lança son cri de *Terre ! Terre !*, qui nous fit à tous l'effet d'une musique de *Te Deum*... A l'instant nous amenâmes les voiles, ne gardant que le tréou, et nous nous mîmes à la cape, en attendant le jour. Mais voici que des questions angoissées succédaient à notre joie, car nous ne savions pas ce que nous allions trouver. Ile ? Terre ferme ? Avions-nous atteint, en vérité, les Indes ? De plus, tout marin sait qu'il y a trois Indes : celle du Cathay et de Cypango, outre la grande – la Chersonèse d'or des anciens ? – avec les nombeuses terres de moindre importance : c'est de là que viennent les épices. (De mon côté, je pensais aussi au danger que représentaient la sauvagerie et l'agressivité des *monicongos* du Vinland...) Personne ne pouvait fermer l'œil, car nous pensions, maintenant que nous étions arrivés, que des heurs aussi bien que des malheurs pouvaient nous attendre sur la côte, où des feux continuaient à briller. Sur ce, Rodrigo de Triana vint me réclamer le pourpoint de soie promis en récompense à celui qui aurait vu la terre le premier. Je fus très heureux de le lui donner, mais le marin restait là, comme attendant quelque chose de plus. Après un silence, il me rappela la rente annuelle de dix mille maravédis octroyée par les Rois Catholiques, en plus du pourpoint. « Tu verras ça au retour, dis-je. – C'est que... – Quoi ?... – Votre Grâce ne pourrait-elle pas, seigneur amiral, m'avancer quelques piécettes ? – Pour quoi faire ? – Pour aller au bordel, soit dit sans vous offenser... Voilà cinquante jours que je n'œuvre pas... – Et qui t'a dit qu'il y a des bordels dans ces pays ? – Il y en a toujours dans les lieux que fréquentent les marins. – Ici les pièces de monnaie n'ont pas cours ; dans ces régions, ainsi que je l'ai appris par les récits du Vénitien Marco Polo, tout se paie en morceaux de papier de la dimension d'une main, où l'on imprime la marque du Grand Khan... » Rodrigo partit, contrit, son pourpoint sur l'épaule... Quant à sa rente de dix mille maravédis (et cela certes je devrai le dire au confesseur), il peut en faire son deuil. Et qu'il ne s'avise pas de trop réclamer, ou de faire le malin, car je sais sur lui des choses qu'il a intérêt à cacher ! Cette rente, je me la suis appropriée au bénéfice de ma Beatriz, la belle Biscaïenne dont j'ai un fils sans l'avoir conduite à l'autel et qui depuis longtemps pleurait mon indifférence et mon oubli. Indifférence et oubli imputables à ma bonne fortune, qui, tel présent échappé d'une corne d'abondance, m'avait permis grâce à la faveur de la reine d'équiper trois caravelles, à la grande confusion de mes ennemis. Et après l'ivresse d'une navigation sur des routes inconnues, je connaissais la gloire d'attendre ici, cette nuit, l'apparition d'un soleil qui n'en finissait pas de se lever ; peut-être pourrais-je espérer l'immortalité dans la mémoire des hommes, moi qui étais issu du milieu que l'on sait, mais qui pouvais aspirer désormais au titre de Père d'un plus vaste univers... Non, Rodrigo ! Tu es baisé ! J'empocherai tes dix mille maravédis de rente !... Moi aussi j'aurais pu crier : *Terre !*, quand je vis les petites lueurs, et je n'en fis rien. J'aurais pu crier avant toi, et je n'en fis rien. C'est que, dès que j'eus aperçu la terre, mon angoisse brusquement tombée, ma voix ne pouvait avoir le même son que celle d'une simple vigie avide de gagner une récompense, trop médiocre pour ma gloire soudaine. Le pourpoint que tu emportes, Rodrigo, aurait été trop étroit pour quelqu'un qui s'est haussé à la taille du Géant Atlas ; quantité négligeable est une rente de dix mille maravédis, au regard de la richesse qui m'attend. Je veux en faire don à la personne que j'aurai choisie, à la femme que j'ai rendu grosse et dont le fils est, en somme, le rejeton de Celui qui vient de prendre dimension d'Annonciateur, de Voyant, de Découvreur. Je suis celui qui est, comme le Seigneur des batailles, et à partir de cette minute, on devra m'appeler *Don*, car à partir de cette minute – que tout le monde s'en souvienne et qu'on se le répète... – je suis Grand Amiral de la mer océane, et Vice-Roi et Gouverneur Perpétuel de Toutes les Iles et Terre Ferme que je découvrirai et qui à l'avenir sous mon commandement seront découvertes et placées sous mon autorité dans la Mer Océane.

Heures d'incertitude et d'angoisse. Cette nuit me semble interminable et l'aube qui pourtant n'est pas loin tarde trop pour mon cœur dévoré d'impatience. J'ai revêtu mes plus beaux atours, et tous les Espagnols à bord des caravelles en font autant. J'ai retiré du grand coffre la bannière royale, l'ai montée sur sa hampe, et j'en ai fait de même pour les deux bannières ornées de la croix verte que portent mes deux capitaines – deux belles crapules en fin de compte – qui exhibent magnifiquement, sous leurs couronnes brodées sur le satin, les initiales *F* et *I :* cette dernière surtout m'est agréable, car lorsque je l'associe aux cinq lettres qui complètent le nom, elles évoquent pour moi l'image presque obsédante de la Personne à qui je dois d'avoir été élu et investi. Mais voici qu'un grand branle-bas se fait sur le pont : bronzes qui roulent et que l'on traîne, fers entrechoqués. C'est que j'ai ordonné de tenir prêtes les lombardes et les espingoles, en prévision de tout événement. De plus, nous descendrons tous à terre armés, car dans cette attente qui s'achève, on peut tout s'imaginer. Il y a des gens non loin de nous ; en effet, s'il n'y avait personne, il n'y aurait point de feu. Mais il m'est impossible de me faire une idée de la nature de ces gens. Ce ne peuvent être les mêmes que ceux du Vinland, car nous sommes beaucoup plus au sud. Je dois avouer toutefois qu'avec cet affolement de l'aiguille de la boussole au milieu de la traversée, ma confusion entre milles arabes et milles génois, mon peu d'adresse (je l'ai constaté moi-même) dans le maniement de l'astrolabe, et les sornettes avec lesquelles j'ai entretenu les autres quant aux distances parcourues sur un océan beaucoup plus vaste que je ne le croyais, je n'ai aucune idée de l'endroit où nous sommes venus échouer. Cette terre peut être habitée par des *monicongos* braves et aguerris, comme ceux qui mirent en fuite les colosses blonds de Iceland : ce peut être une nation de monstres, comme ceux que décrit saint Isidore ; ce peut être une province avancée du royaume du Grand Khan, et, dans ce cas, si ses soldats nous manifestent de l'hostilité, nous devrons combattre des guerriers couverts d'armures, au casque étincelant, de terrifiants cavaliers qui en guise de bannière arborent une queue de cheval sur le bois de leur lance... Mais ce n'est pas en fait ce qui m'effraie ; je crains davantage une menace contre moi dirigée, qui pourrait bien se préciser, de façon terrible, dès le lever du soleil. Ce que je redoute le plus dans cette attente (ce sera atroce de l'avouer au confesseur !) c'est que sur le rivage inconnu dont je sens déjà la présence si intimement liée à mon destin, la lumière du jour dessine devant mes yeux les contours précis, nets, d'un clocher. Dans ces proches ténèbres qu'interroge mon regard, il peut y avoir une chapelle chrétienne, un sanctuaire chrétien, une cathédrale chrétienne. Non seulement j'ai lu avec attention Marco Polo, dont j'ai annoté de ma main les récits de voyage, mais j'ai beaucoup lu aussi Jean de Monte Corvino – j'ai jugé opportun de ne jamais le citer dans mes discours – qui, parti également de Venise, parvint à la vaste cité de Cambaluc, capitale du Grand Khan ; non seulement il y édifia une église chrétienne pourvue de trois cloches, mais il conféra environ six mille baptêmes, traduisit les *Psaumes* en langue tartare et fonda même une chorale d'enfants destinés à chanter de leurs voix délicates les louanges du Seigneur. C'est là que le rencontra Ordéric de Pordenone – encore un que je connais bien – transformé en bouillant archevêque, avec une église devenue cathédrale, des acolytes et des suffragants ; il désirait qu'on lui envoyât des missionnaires en grand nombre, car il avait trouvé dans le pays – et il s'en réjouissait – une magnifique tolérance chez des gens qui admettaient n'importe quelle religion pourvu qu'elle n'affectât pas les intérêts de l'État ; tolérance qui avait certes favorisé une fâcheuse propagation de l'hérésie nestorienne, dont les erreurs abominables avaient été dénoncées, en leur temps, par l'illustre Docteur de Séville dans ses *Étymologies*... Il n'était donc pas impossible que la catéchisation de Jean de Monte Corvino se fût étendue jusqu'ici – et ce par l'œuvre des franciscains qui sont de grands voyageurs !... Dans ce cas, Christophe, mon vieux Christophe, toi qui t'es donné pendant le voyage le nom de *Christophoros*, de Porte-Christ, de saint Christophe, fourrant ton nez résolument dans les textes les plus insignes et les plus inamovibles de la foi, t'assignant une mission de prédestiné, d'homme unique et nécessaire – une mission sacrée ; toi qui proposas ton entreprise au plus offrant, et te vendis finalement pour un million de maravédis, tu n'aurais d'autre ressource, pauvre trompeur trompé, que de hisser à nouveau les voiles, virer de bord et aller te faire foutre avec ta *Niña*, ta *Pinta* et ta *Santa Maria*, pour mourir de honte aux pieds de ta Dame des Hautes Tours. En cette heure funeste – l'heure de tierce – considère, ô marin déboussolé, puisque l'aiguille même de la boussole te joua le tour de décliner[1], que le pire qui pouvait t'arriver est que les Évangiles t'aient devancé. Certes de par la volonté de ta Dame te furent conférés en hâte les ordres mineurs de Saint-François, et tu es autorisé à porter la bure sans capuce des frères mendiants. Mais... que feras-tu, pauvre portier, médiocre lecteur, exorciste et acolyte encore inexpérimenté, devant un diacre, un évêque qui, levant la main, te dirait : « Retourne d'où tu viens, tu es de trop ici ! » Dans cette attente, je souhaite que les Évangiles n'aient pas fait la traversée comme mes caravelles. C'est un conflit du Verbe contre le Verbe. Verbe venu par l'orient que je dois devancer en allant vers le ponant. Absurde rivalité qui peut me tuer dans mon corps et dans mon œuvre. Bataille inégale, car je n'ai pas les Évangiles à bord – ni d'aumônier qui, au moins, pourrait les prêcher. J'ordonnerais un feu de lombarbes et d'espingoles contre les Évangiles placés en face de moi, s'il m'était possible de le faire !... Mais non : sous leurs couvertures d'or incrustées de pierreries, ils se moqueraient des décharges. Si la Rome des Césars ne put rien contre eux, il peut moins encore ce misérable marin qui, dans une aube anxieusement attendue, guette l'heure où la lumière du ciel lui révélera

---

1. Allusion à la panique des pilotes de Christophe Colomb quand ils « s'aperçurent que l'aiguille de la boussole, au lieu de marquer le nord exact, variait de la valeur d'un point vers le nord-ouest, phénomène de la "déclinaison magnétique" pour la première fois constatée ».
(M. Mahn-Lot, *Christophe Colomb*, Éditions du Seuil, 1960, p. 73.) *(N.d.T.)*.

si son entreprise a été inutile ou si au contraire elle connaîtra la gloire et la pérennité. Si Matthieu et Marc, et Luc et Jean m'attendent sur la plage toute proche, je suis foutu. Je cesse, devant la postérité, d'être *Christophoros*, pour retourner à la taverne de Savone. A moins de trouver de nombreuses épices. Un fastueux ballet de Doña Cannelle avec Don Clou de Girofle. Mais j'ai affirmé qu'ici régnait le Grand Khan. Et ses sujets, déjà corrompus par notre commerce, ne donnent pas gratuitement le poivre et les aromates, mais les font payer un bon prix, supérieur à celui de la pacotille achetée au dernier moment, que j'apporte sur mes navires en guise de troc. Quant à l'or et aux perles : on les donne moins encore que le gingembre, si bien décrit et comparé par Jean de Monte Corvino à une racine de glaïeul... Mes Espagnols chantent un *Salve*, à la fois impatients et inquiets – mais pour d'autres motifs que les miens – car à présent s'achève l'aventure maritime et commence l'aventure terrestre... Et tout à coup c'est l'aurore : une aurore dont les clartés montent si rapidement dans le ciel que je n'ai jamais vu un tel prodige de lumière dans les nombreux royaumes que j'ai connus jusqu'ici. J'ouvre de grands yeux. Il n'y a ni constructions, ni maisons, ni châteaux, ni tours, ni créneaux devant nous. Aucune croix ne dépasse les arbres. Il n'y a donc pas apparemment d'églises. Je n'entendrai pas encore le son redouté d'une cloche fondue dans le meilleur bronze... Bruit agréable de nos rames qui agitent une eau merveilleusement calme et transparente, dans le fond sableux de laquelle je remarque la présence de grands escargots aux formes inhabituelles. Mon anxiété se transforme maintenant en allégresse. Et nous voici à terre, où poussent des arbres d'une forme pour nous inconnue, sauf des palmiers qui ressemblent un peu à ceux d'Afrique. Nous nous acquittons sur-le-champ des formalités de prise de possession et de prestation de serment, mais le notaire Rodríguez de Escobedo n'en finit pas parce qu'il est abasourdi par le bruit de voix qu'on entend dans la brousse ; puis les feuilles s'écartent, et nous nous voyons soudain entourés de gens. La première frayeur passée, bien des nôtres éclatent de rire car ils voient approcher des hommes nus, les parties honteuses à peine couvertes d'une sorte de mouchoir blanc. Et nous qui étions pourvus d'armures, de cottes et de casques, en prévision de l'attaque possible de terrifiants guerriers brandissant leurs armes !... En fait d'armes, ils ne sont armés que de sagaies qui ressemblent à des aiguillons de bouviers et je soupçonne qu'ils doivent être dans la plus grande misère, puisqu'ils vont complètement à poil – ou presque –, comme la mère qui les a enfantés, ainsi qu'une fille, dont mes hommes contemplent les seins qui ballottent d'un regard luxurieux qui enflamme ma colère ; ce qui m'oblige à pousser des cris peu appropriés au maintien que doit garder celui qui porte haut l'étendard de Leurs Altesses. Certains avaient apporté des perroquets verts qui ne parlaient pas, peut-être à cause de leur frayeur, et des pelotons de fil de coton – moins bon certes que celui que l'on trouve dans d'autres Indes. Ils échangeaient tout cela contre de petites perles de verre, des grelots – surtout des grelots qu'ils tenaient contre leurs oreilles pour mieux les entendre –, des bagues de laiton, objets qui ne valaient pas un pet, que nous avions descendus sur la plage en prévision de trocs possibles ; sans oublier une grosse quantité de bonnets rouges que j'avais achetés dans les bazars de Séville, car à la veille de lever l'ancre je m'étais rappelé que les *monicongos* du Vinland étaient fous de tissus et de vêtements de couleur rouge. En échange de ces broutilles, ils nous donnèrent leurs perroquets et des pelotes de coton. Nous eûmes l'impression d'avoir affaire à des hommes doux, pacifiques, propres à faire des serviteurs humbles et obéissants ; ni noirs ni blancs, mais plutôt de la couleur des Canariens, les cheveux non crépus, mais lisses et de la grosseur des soies des chevaux. Ce jour-là nous ne fîmes rien d'autre, étourdis que nous étions par la découverte, la prise de possession de l'île et le désir de nous reposer, après une nuit sans sommeil. « Où sommes-nous arrivés, seigneur amiral ? » me demande Martín Alonso, avec un sourire fielleux. « L'essentiel, c'est d'être arrivés », rétorquai-je... Une fois de retour à bord du bateau capitaine, je regardai de haut, drapé dans mon légitime orgueil, les coquins qui, deux jours plus tôt, avaient élevé la voix, et même dressé les poings contre moi, prêts à se mutiner ; et non pas tant les Andalous bavards, presque tous calfateurs, charpentiers, tonneliers, qui étaient à bord ; ni les juifs qui, en m'accompagnant, avaient échappé à l'expulsion ; ni les nouveaux chrétiens qui ne tournaient que trop leur regard vers La Mecque au coucher du soleil, que les maudits Biscaïens, indociles, têtus, insolents, qui formaient la camarilla de Juan de la Cosa, empêtré dans ses connaissances de cartographie, toujours hissé sur le pinacle de sa science (je le savais par cet autre intrigant de Vicente Yáñez, aussi salaud que Martín Alonso, mais meilleur capitaine...). Ils affirmaient que j'étais un marin fanfaron et ambitieux, navigateur de salon, qui embrouillait les latitudes et donnait le change sur les milles marins, incapable de mener à son terme une entreprise comme celle-ci.

*

... On entend maintenant sonner des clochettes, doucement, dans la bruine ténue qui mouille les toits de la ville où s'abrite mon ombre, protagoniste de ma propre fin. Un troupeau bêlant passe dans la rue. Et le confesseur qui n'arrive pas. Et cette lumière d'automne, bien que nous soyons en mai, qui m'arrache à mes souvenirs des îles resplendissantes où – peut-être pour n'avoir pas emmené un chapelain sur les navires, peut-être pour n'avoir pas pensé à convertir ou catéchiser quiconque – le démon m'attendait pour me faire tomber dans ses pièges. La preuve de l'existence de ces pièges, je l'ai là, dans ce brouillon de mes relations de voyages, que je garde sous l'oreiller, et que je prends à présent d'une main tremblante – effrayée d'elle-même – pour relire ce que, en ces moments ultimes, je tiens pour un vaste répertoire de mensonges, et je le dirai tout net à mon confesseur qui tarde tant à venir. Répertoire de tromperies qui s'ouvre à la date du 13 octobre, avec le mot OR. Ce samedi-là en effet j'étais de retour à l'île récemment découverte dans l'intention de voir ce que l'on pouvait en tirer, en dehors des perroquets – nous ne savions que faire en effet de tant de perroquets qui couvraient les ponts de leurs fientes blanchâtres – et des pelotes de coton, lorsque je remarquai avec étonnement et une vive émotion, que des *Indiens* (nous les appellerons ainsi puisque nous sommes probablement sur les premiers contreforts naturels des Indes occidentales) portaient dans les narines de petits morceaux d'or. J'ai dit : d'OR. Devant une telle merveille, je me sentis violemment transporté. Une cupidité jamais éprouvée germait dans mes entrailles. Mes mains tremblaient. Profondément troublé, couvert de sueur, en proie à une idée fixe, hors de mes gonds, bousculant ces hommes en les interrogeant par gestes, j'essayai de savoir d'où venait cet or, comment ils l'obtenaient, où était la mine, comment ils l'extrayaient, et le travaillaient, puisqu'ils n'avaient apparemment pas d'outils et ne connaissaient pas le creuset. Et je palpais le métal, le soupesais, le mordais, l'éprouvais, le frottais de salive avec un mouchoir pour le faire briller et l'examiner au soleil ; je le prenais dans la paume de ma main, m'assurant que c'était bien de l'or, de l'or authentique, de l'or de bon aloi. Eux, stupéfaits, agrippés par leurs parures comme un bœuf par l'anneau passé dans son nez, tiraillés et secoués par mon impatience, me laissèrent entendre qu'en allant vers le sud il y avait une autre île où un grand roi possédait d'énormes vases remplis d'or. Et que dans leur nation non seulement il y avait de l'or, mais encore des pierres précieuses. Selon leur description il devait s'agir de Cypango, plus que du Vinland. Poussé par un esprit abominable, qui, soudain, s'était logé en mon âme, passant aux voies de fait, j'ordonnai de faire prisonniers sept de ces hommes que nous enfermâmes à coups de fouet dans les cales, sans nous préoccuper de leurs cris, ni de leurs gémissements, ni des protestations de leurs compagnons que je menaçai de mon épée : ils savaient, pour en avoir touché une, que nos épées coupaient méchamment et ouvraient des sillons de sang... Nous mîmes à la voile de nouveau, le dimanche, jour du Seigneur, sans nous apitoyer sur les larmes des captifs que nous avions attachés à la proue pour guider notre navigation. A partir de ce jour, le mot OR sera le plus répété, comme une obsession diabolique, dans mes journaux, lettres et relations. Mais il y avait peu d'or dans les îlets que nous découvrions maintenant, toujours peuplés d'hommes nus et de femmes qui portaient pour tout vêtement, comme je l'écrivais à Leurs Altesses, « de petites étoffes de coton qui protégeaient médiocrement leur corps » – corps qui, soit dit en passant, attirait mes regards avec la même concupiscence qui allumait à tel point l'œil de mes Espagnols, que je dus les menacer d'un châtiment si, leurs braguettes tout près d'éclater, ils se laissaient entraîner par leur lascivité. Puisque j'observais la continence, qu'ils en fissent autant ! On ne venait pas ici pour baiser, mais pour chercher de l'or, l'or que l'on commençait à découvrir dans chaque île ; l'or qui désormais serait notre guide, notre boussole dans nos randonnées. Et, pour que l'on nous mît plus sûrement sur le chemin de l'or, nous distribuions généreusement des bonnets rouges, des grelots de fauconnerie et autres babioles – j'eus même le toupet de me flatter devant les Rois Catholiques de l'inégalité des trocs ! – qui ne valaient pas un maravédi, bien que nous ayons obtenu en échange quantité de petits morceaux de l'adorable métal qui étincelait au soleil. Mais je ne me contentais plus de l'or qui pendait aux nez et aux oreilles, car on me parlait maintenant de la grande terre de Cobla, ou Cuba, où il semblait qu'il y eût vraiment de l'or et aussi des perles ; et même des épices ; nous y allâmes et accostâmes un dimanche, jour du Seigneur.

Je fus sincère quand j'écrivis que cette terre me sembla la plus belle que des yeux humains aient contemplée. C'était une terre indomptée, avec de hautes montagnes, variée, puissante, comme sculptée en profondeur ; plus riche en verts-verts, plus étendue ; ses palmiers avaient poussé plus haut dans le ciel, ses cours d'eau étaient plus opulents, ses crêtes plus audacieuses et ses ravins plus encaissés que tout ce que j'avais vu jusqu'ici, dans des îles qui me faisaient l'effet, je l'avoue, d'îles folles, errantes, somnambules, étrangères aux cartes et aux notions qui m'avaient nourri. Il fallait décrire cette terre nouvelle. Mais quand je voulus le faire, je me trouvai devant la perplexité de celui qui doit nommer des choses totalement différentes de toutes celles qu'il connaît – choses qui doivent avoir un nom, car rien sans un nom ne saurait être imaginé, mais ces noms m'étaient inconnus, et je n'étais pas un nouvel Adam, choisi par son Créateur, pour donner des noms aux choses. Je pouvais inventer des mots, certainement, mais le mot seul *ne montre pas l'objet*, si celui-ci n'est déjà connu. Pour voir une *table*, quand quelqu'un prononce ce mot, il faut qu'il y ait chez celui qui écoute une *idée-table*, avec les qualités qui découlent du concept de table. Mais ici, devant l'admirable paysage que je contemplais, seul le mot palme avait valeur figurative, car il y a des palmes en Afrique ; des palmes – quoique différentes de celles d'ici – il y en a partout, et, par conséquent, le mot palme s'accompagne d'une image précise, surtout pour ceux qui savent, grâce à leur religion, quel sens donner au Dimanche des Rameaux. Nous étions arrivés ici un dimanche, et ma plume de mémorialiste restait en suspens quand je voulais aller au-delà des cinq lettres de palme. Un styliste, peut-être, qui eût manié le castillan avec plus d'aisance que moi, un poète peut-être, qui eût créé des images et des métaphores, seraient allés au-delà, réussissant à décrire ce que j'étais moi-même impuissant à décrire : ces arbres-ci, très enchevêtrés, dont l'aspect m'était inconnu ; celui-là, dont les feuilles avaient le dos gris, le limbe vert, et qui en tombant et en se desséchant se crispaient sur elles-mêmes telles des mains cherchant un appui ; cet autre, rougeâtre, dont le tronc laissait tomber des peaux transparentes comme des écailles de serpents en mue ; et celui que l'on voyait, plus loin, se dresser solitaire et monumental au milieu d'une petite plaine, avec un collier de branches poussant horizontalement sur la partie supérieure de son tronc épais hérissé de piquants, grave comme une colonne rostrale... Et les fruits : l'un à la peau brune, à la chair rouge, dont le noyau semblait sculpté dans de l'acajou ; l'autre, à la pulpe violacée, les pépins enrobés d'oublies de gélatine ; et cet autre encore, plus grand, ou plus petit, jamais identique à son voisin, le cœur blanc, embaumé et aigre-doux, toujours frais et juteux dans la grande chaleur de midi... Tout était nouveau, étrange, agréable en dépit de son étrangeté ; mais jusqu'ici rien de bien utile. Ni Doña Muscade, ni Doña Cannelle, ni Doña Cardamome, ni Don Poivre n'apparaissaient nulle part. Quant à l'or, ils racontaient qu'il y en avait en quantité. Et moi je me disais qu'il était grand temps que le divin métal fît son apparition, car maintenant que son existence en ces îles était démontrée, un nouveau problème m'assaillait : les trois caravelles représentaient une dette de deux millions. Le million du banquier Santangel ne me souciait guère, car les rois payent leurs dettes comme ils peuvent et lorsqu'ils peuvent ; quant aux bijoux de Columba, ils faisaient partie des joyaux de la Couronne et elle était trop finaude et femme de tête à l'occasion, pour ne pas les avoir récupérés à cette heure, d'autant plus qu'on venait d'obliger les juifs à faire leurs paquets. Restait l'autre million : celui des Génois de Séville, qui rendraient ma vie impossible si je rentrais en Espagne les mains vides... Par conséquent, voir venir : *Cette terre est la plus belle que des yeux humains aient contemplée...*, et en avant la musique, avec un petit air d'épithalame par-dessus le marché. Quant au paysage, je ne vais pas me creuser la cervelle : je dis que les montagnes bleues qu'on aperçoit au loin sont comparables à celles de Sicile, bien qu'elles ne leur ressemblent en rien. Je dis que l'herbe est aussi haute que celle d'Andalousie en avril et en mai, bien que rien, ici, n'ait l'air andalou. Je dis que des rossignols chantent là où sifflent de petits oiseaux gris, au bec long et noir, qui font penser plutôt à des moineaux. Je parle de champs de Castille, ici où rien, mais rien, ne rappelle les champs de Castille. Je n'ai pas vu d'arbres à épices, mais je présume qu'il doit y avoir ici des épices. Je parle de *mines d'or* alors qu'à ma connaissance il n'y en a aucune. Je parle de perles, de quantité de perles, uniquement parce que j'ai vu des palourdes « qui en décèlent la présence ». Je n'ai dit qu'une chose vraie : qu'apparemment les chiens ici n'aboient pas. Mais ce n'est pas avec des chiens qui ne savent même pas aboyer, que je vais payer le million que je dois aux maudits Génois de Séville, capables d'envoyer père et mère aux galères pour une dette de cinquante maravédis. Le pire de tout c'est que je n'ai pas la moindre idée de l'endroit où nous sommes ; cette terre de Colba ou Cuba, peut être aussi bien l'extrémité méridionale du Vinland qu'une côte occidentale de Cypango – sans oublier les Indes qui sont au nombre de trois. Moi j'affirme que nous sommes sur un continent, ou terre ferme, d'une étendue illimitée. Juan de la Cosa qui n'est jamais d'accord avec moi (il suffit que j'ouvre la bouche pour qu'il me contredise) affirme que c'est une île. Je ne sais que penser. Mais je répète que c'est un continent, et ça suffit – car je suis l'amiral et je sais ce que je dis. L'autre parle d'en faire le tour par mer, et moi je lui réponds que puisque il n'y a pas d'île, il n'y a pas de tour qui compte. Et merde, n'en parlons plus !... Je prends de nouveau ma plume et je poursuis la rédaction de mon répertoire de bonnes nouvelles, de mon catalogue de fulgurants présages. Et j'assure – je m'assure à moi-même – que très bientôt je verrai le visage du Grand Khan. (Ces mots de *Grand Khan* tintent comme l'or, or en poudre, or en barres, or entassé dans des coffres, or caché dans des tonneaux : douce musique des ducats tombant, rebondissant sur une table de banquier : musique céleste...)

Je suis vite convaincu que ce ne sera pas sur cette terre de Cuba que je verrai le visage, impassible et magnifique, du Grand Khan. J'ai envoyé deux messagers habiles pour voir si dans ces parages s'élevait une ville ou une forteresse importante : Luis de Torres qui, comme je l'ai dit, parle l'hébreu, l'arabe et le chaldéen, et Rodrigo de Jerez, qui connaît plus d'un dialecte africain... ; tous deux reviennent m'annoncer qu'ils n'ont vu qu'un hameau de huttes, avec des Indiens en tout semblables à ceux que nous connaissons déjà. Ils n'ont trouvé aucun indice de mine d'or. Ils ont montré aux Indiens les petits échantillons de cannelle et de clou de girofle que je leur avais remis, mais aucun d'eux n'a semblé reconnaître ces épices. Une fois de plus, le royaume rutilant de Cypango s'éloignait de moi. Mais la perspective de poursuivre ma navigation sur des routes inconnues, à l'aveuglette, ne m'effrayait pas ; je fortifiais mon cœur par la pensée que je laissais derrière moi deux îles que j'avais baptisées, que j'avais inscrites dans la géographie du monde, puisqu'elles étaient sorties de l'obscurité où les tenaient les langues barbares avec lesquelles les désignaient leurs habitants, lorsqu'elles avaient reçu l'auguste nom de Sainte-Marie de la Conception, et celui, infiniment agréable pour moi, d'Isabela. Et prévoyant peut-être que la relation de mon voyage serait lue, un jour, par ma Dame, je m'appliquai à décrire – comme je ne le fis par la suite pour aucun autre lieu – les merveilles des bosquets, le vert des plantes qui me rappelait (... à bon entendeur) les délices du mois d'avril en Andalousie, avec leurs parfums délicieux, leurs parfums de fruits, et... (je répète : à bon entendeur) *le chant des petits oiseaux*, si envoûtant que *l'on ne voudrait jamais partir d'ici...* Mais à présent, après avoir reconnu un peu de la côte de Cuba, il fallait poursuivre la recherche de l'or. Des sept Indiens que nous avions capturés dans la première île, deux nous avaient faussé compagnie. Quant aux autres, je les leurrais (encore mes menteries), niant que j'eusse l'intention de les emmener en Espagne, pour les exhiber à la cour ; je leur assurai au contraire que je les renverrais chez eux avec de magnifiques présents, dès que j'aurais trouvé une quantité importante d'or. Comme notre nourriture leur répugnait, ils ne voulaient goûter ni cécine, ni fromage, ni biscuits – et ils n'acceptaient que des poissons pêchés en leur présence, simplement grillés et non frits dans notre huile rance. Je les avais habitués à boire du vin, que nous transportions en telle quantité que nos fournisseurs s'étaient étonnés de me voir embarquer tant de tonneaux dans les cales. Méfiants au début, car ils croyaient peut-être que c'était du sang, les prisonniers avaient pris goût au gros rouge et en réclamaient à chaque instant... A dire vrai je les soûlais jour et nuit ; ils cessaient ainsi de geindre. Je m'assurais, lorsque la boisson déliait leur langue, que nous trouverions de l'or bientôt – mieux que des lamelles, de petits masques d'ornement, des plastrons ouvrés, des couronnes, des statues ; que nous découvririons le riche gisement, l'inépuisable filon d'où l'on extrairait tant d'or que les trois caravelles ne pourraient à elles seules le transporter. Juan de la Cosa, qui s'était entouré de nouveau d'une camarilla de Biscaïens dont je ne comprenais pas la langue, et de Galiciens bourrus et médisants, affirmait, dans ses réunions nocturnes – il y avait toujours quelqu'un pour me le rapporter – que ces Indiens me trompaient, qu'ils faisaient miroiter à mes yeux des mirages d'or pour assoupir ma défiance et, m'obligeant à négliger leur garde, trouver l'occasion de s'évader, comme deux autres l'avaient déjà fait. Mais nous poursuivions notre route, toujours droit devant nous, côtoyant maintenant la magnifique terre de Ayti, à laquelle en raison de sa beauté je donnai le nom de *Espagnole* – je me comprends – me disant que si je devais un jour y fonder une ville, je l'appellerais *Isabela*. Mais, pour la seconde fois, je devais y éprouver une grande désillusion, car rien de ce que j'avais vu dans les contrées nouvellement découvertes ne m'indiquait que nous approchions de Cypango ou d'une province gouvernée au moins par un prince tributaire du Grand Khan. J'y rencontrais bien des rois – rois qu'on appelle ici caciques. Mais c'étaient des rois complètement nus (qui peut imaginer une chose semblable !), avec des reines aux seins nus et, pour couvrir ce que la femme couvre avec le plus de pudeur, un tissu de la dimension d'un mouchoir de dentelle, comme ceux utilisés par les naines, qui, en Castille, amusent et occupent les infantes, et les fillettes de noble lignage. (Des cours de monarques nus comme un ver ! Chose inconcevable pour qui le mot « cour » suggère, tout de suite, des châteaux, des hérauts, des mitres et des velours, avec des poupres qui font penser aux vers du romance :

*Néron regarde brûler Rome
de la roche tarpéienne.*

Devant de tels rois, si l'on peut donner ce nom à des hommes qui ne couvraient même pas leurs parties honteuses, je procédais à mes cérémonies habituelles : je hissais la bannière de mes Rois Catholiques, je coupais quelques branches et quelques feuilles avec mon épée, je proclamais par trois fois que je prenais possession du pays au nom de Leurs Altesses, ajoutant que j'étais prêt à répondre l'épée à la main à celui qui s'aviserait de me contredire, et Rodríguez de Escobedo portait témoignage par écrit. Mais ce qui au fond m'exaspérait, c'est qu'après mes génuflexions, proclamations et défis méprisants à des objecteurs qui ne se montraient jamais nulle part, tout continuait comme devant. C'est que, pour prendre possession de quelque contrée du monde, il faut vaincre un ennemi, humilier un souverain, subjuguer un peuple, recevoir les clés d'une ville, accepter un serment d'allégeance. Mais ici rien de cela ne se produisait. Rien ne changeait. Personne ne combattait. Personne ne semblait faire cas de nos cérémonies, actes notariés et proclamations. On aurait dit qu'ils se disaient entre eux – quelquefois avec un rire irritant : « Mais oui, mais oui, il n'y a pas d'inconvénient. En ce qui nous concerne... continuez ! » Ils nous offraient des perroquets – et nous en avions par-dessus la tête de tant de perroquets verts, aux petits yeux moqueurs, qui n'apprenaient jamais à articuler un mot dans notre langue ! –, de tant de pelotons de coton dont nous ne savions que faire, sans parler des petites cruches de facture très grossière ; puis ils coiffaient nos bonnets rouges, secouaient les sonnailles et les grelots, et comme tout cela leur paraissait très comique, ils éclataient de rire en se tapant sur le ventre. Et moi je prenais possession de leurs terres sans qu'ils s'en rendissent compte, possession qui d'ailleurs ne me procurait aucun profit digne de ce nom. Et je retournais à bord de ma caravelle dans une chaloupe qui avançait lentement au-dessus de fonds de coraux ; sous le soleil rutilant de ces régions, j'avais l'impression d'un mirage immergé et magique. L'on aurait pu croire, devant de tels jeux de couleurs, qu'en eux scintillaient l'émeraude et l'adamas, l'astrion et la chrysoprase des Indes, la sélénite de Perse, et même la pierre de lynx qui, comme on le sait, naît de l'urine du lynx et la dracontite que l'on extrait du cerveau du dragon... Mais « on aurait cru » seulement : en effet si tu plongeais ta main dans l'eau et saisissais quelque chose, tes doigts saignaient, et, pour toute consolation tu en retirais une chose qui en se desséchant se transformait en une sorte de branchette pourrie... Et ce que tu prenais pour une magnifique chrysocolle, substance que l'on trouve en Asie où les fourmis extraient toutes seules l'or enfoui dans le sol, se réduisait à ton grand dépit en chrysocouille (et que l'on me pardonne ce méchant jeu de mots).

Cinq, six, sept *rois* de cette île étaient venus me rendre hommage (c'est du moins ce que je croyais, mais les maudits Biscaïens de Juan de la Cosa disaient qu'ils venaient seulement voir ma tête). C'était toujours la même chanson ; en guise de pourpre impériale, ces rois ne portaient qu'un minuscule cache-sexe. Et ce défilé de « majestés » toutes nues me faisait conjecturer que nous étions bien loin encore de la fabuleuse Cypango des chroniques italiennes. Là-bas en effet les palais avaient des toits en or, et à la cour des rois, éblouissante d'or et de pierreries, les ambassadeurs chrétiens étaient reçus par des seigneurs cuirassés d'or, entourés de ministres et de conseillers vêtus de tuniques dorées ; et pendant leurs banquets servis sur des nappes dorées, accouraient des paons qui dansaient la padouane au son d'instruments mélodieux, des lions apprivoisés – tel celui qui suivait saint Jérôme comme un petit chien – qui faisaient la révérence avec beaucoup de grâce, des singes équilibristes, des oiseaux chanteurs qui gazouillaient sur un signe de leur maître, pendant que – prodige décrit par Marco Polo et Ordéric de Pordenone – les coupes de vin volaient comme des colombes, des mains du grand sommelier à la table du festin, sans qu'une seule goutte de la boisson se répandît, et ces coupes, bien sûr, étaient en or. Tout était en or au pays merveilleux que je cherchais à découvrir avec l'impression désespérante de m'en éloigner à chaque cinglage. Peut-être, si de Cuba j'avais navigué plus au sud ; ou plus au nord de l'Isabelle... Et voilà qu'à présent ces salauds d'Indiens me désorientaient à plaisir ; ceux de l'Espagnole, sans doute pour m'éloigner de leurs mines d'or, me disaient que c'était là-bas, ou ici, ou ailleurs, ou que comme au jeu de cache-cache « je brûlais » et étais près du but, et ils m'incitaient à poursuivre ma navigation. Les Indiens que nous avions faits prisonniers, en revanche, certainement par crainte de trop s'éloigner de leurs îlots, me disaient qu'en suivant de pareils conseils j'arriverais dans des régions peuplées de cannibales qui n'avaient qu'un œil sur une tête de chien : ces monstres ne se nourrissaient que de chair humaine. Malgré tout ça, je ne savais toujours rien de l'immense trésor que je cherchais. En effet, bien qu'il y eût en cette île Espagnole beaucoup plus d'or qu'à Cuba, à en juger par les parures de ses caciques et celui qu'on nous offrait sous forme de pépites, le puissant filon, la mine richissime, si souvent mentionnée par les voyageurs vénitiens, n'apparaissait nulle part. Et cette mine, la Mine, la grande et l'inépuisable, était devenue pour moi comme une obsession diabolique. En ce moment où, guetté par la mort, dans l'attente du confesseur qui ne tarde que trop à arriver, je repasse les feuilles jaunies, qui sentent encore le salpêtre, du brouillon de la relation de mon premier voyage, j'éprouve du dégoût, du remords, de la honte, à voir le mot OR si souvent écrit. Surtout en cet instant où, pour attendre la mort, j'ai revêtu la bure des franciscains, qui, eux, ont choisi délibérément la pauvreté, qui, comme le saint d'Assise, ont épousé *Donna Povertá*... C'est comme si un maléfice, un souffle infernal avaient souillé ce manuscrit, qui semble décrire davantage la recherche d'une terre du Veau d'Or que celle d'une terre promise au rachat de millions d'âmes plongées dans les ténèbres abominables de l'idolâtrie. J'éprouve par exemple de l'indignation envers moi-même quand je vois qu'un 24 décembre, alors que j'aurais dû méditer avec une humilité franciscaine sur l'événement divin de la Nativité, j'écris cinq fois le mot OR, en dix lignes qui semblent tirées d'un grimoire d'alchimiste. Deux jours plus tard, fête de saint Étienne, au lieu de penser à la mort bienheureuse – à coups de pierres plus précieuses que tout l'or du monde – du premier martyr de la religion dont les voiles de nos caravelles exhibaient la croix, j'écris douze fois le mot OR, dans un récit où n'est mentionné qu'une seule fois le Seigneur, et encore comme s'il s'agissait d'une simple formule. Formule en effet, clause de style que de ne mentionner que quatorze fois le nom du Tout-Puissant dans une relation générale où l'or est mentionné plus de deux cents fois. Et même en cette occasion le *Notre-Seigneur* est presque utilisé – je le reconnais maintenant avec horreur – comme une marque de déférence envers Leurs Altesses – dans des phrases louangeuses, ou encore comme exhortation propitiatoire – « grâce à Dieu », « la grâce de Dieu aidant »... – à moins que je ne dise, avec une fausse dévotion qui empeste le soufre, le sabot du diable, que *Notre-Seigneur me montrerait où naissait l'or*. Une seule fois, un 12 décembre, j'écris en toutes lettres dans mon journal le nom de Jésus-Christ. En dehors de ce jour-là, les très rares fois où je me souviens que je suis chrétien, j'invoque *Dieu* et *Notre-Seigneur* d'une façon qui révèle le vrai fond de ma pensée, plus nourrie de l'Ancien Testament que des Évangiles, plus proche de la colère et du pardon du Seigneur des batailles que des paraboles samaritaines, en un voyage où, pour avouer la vérité, ni Matthieu, ni Marc, ni Luc, ni Jean ne nous accompagnaient. Laissés en Espagne, les Livres Saints n'avaient pas traversé la mer océane, n'avaient pas accosté aux terres nouvelles, où l'on n'avait essayé de baptiser quiconque, ni de sauver des âmes tristement condamnées à mourir sans connaître la signification d'une croix faite de deux madriers aplanis et réunis par les charpentiers, qu'avaient plantée les Espagnols en divers lieux des côtes explorées. Les Évangiles, je le répète, étaient restés en Espagne, sans qu'on les lançât, en une armée de versets sacrés, contre des religions dont je me gardai de parler, mais dont je note la présence dans des sculptures en pierre à forme humaine ; sculptures que j'ai laissées sans poser beaucoup de questions, les trouvant par trop rudimentaires... Dans ces feuillets, j'avais seulement, une fois exceptée, parlé d'un *Seigneur* qui pouvait bien être celui d'Abraham et de Jacob, celui qui parla à Moïse dans le buisson ardent – d'un *Seigneur* antérieur à sa propre incarnation, mais j'avais oublié totalement l'Esprit Saint, plus absent de mes écrits que le nom de Mahomet... En me rendant compte de cet oubli, en cet instant où une faible rumeur de pluie assourdit dans la rue le passage des mules transportant l'huile et le vinaigre, je frémis d'horreur... Je tourne les pages de mon brouillon, et je cherche, je cherche, je cherche. Mais non. Je n'ai pas oublié complètement l'Incarnation dans ces pages, car après avoir appelé la première île par moi découverte – 15 octobre – « île Sainte-Marie de la Conception », après avoir célébré avec des tirs de lombardes la fête de la Sainte Vierge, un 14 février, sur la route du retour, je donnai des preuves de ma foi dans le pouvoir divin de Notre-Dame, universellement vénérée par les marins chrétiens. Je suis consterné presque au souvenir de cette nuit au cours de laquelle le vent redoubla, et les vagues étaient si épouvantables, se brisant l'une contre l'autre au point *qu'elles balayaient le navire et l'empêchaient à la fois d'avancer et de sortir de leurs gouffres.* Dans le fracas de la tempête, nous perdîmes la caravelle de Martín Alonso. Il me faudra déclarer en confession que cet événement ne m'affligea guère sur le moment, car depuis longtemps ce capitaine, si imbu de sa personne, s'était insurgé contre mon autorité et avait désobéi à mes ordres avec si peu de retenue qu'il m'avait faussé compagnie pendant plusieurs jours, alors que nous longions les côtes de l'Espagnole. Il s'était mis à chercher de l'or pour son compte avec la complicité d'autres coquins de sa clique indisciplinée et mauvaise langue, toujours excitée contre moi par Juan de la Cosa et ce scélérat de Vicente Yáñez, un sacré fainéant... (Ah ! ces Espagnols, comme ils m'enquiquinaient, avec leur tendance à former des clans et leurs sempiternelles zizanies !...) Donc, cette nuit-là, nous essuyions une si horrible tempête que, croyant que les caravelles allaient être englouties, j'attribuai ce désastre – et je le dis dans ma relation – *à mon peu de foi et à mon manque de confiance en la providence divine*. C'est alors – mais alors seulement – que j'eus recours à la protection suprême de la Vierge dans les entrailles de laquelle, comme a dit saint Augustin, « Dieu se fit le Fils sous la figure d'un homme ». Tirant au sort les noms de ceux qui devraient accomplir un pèlerinage, nous promîmes à Notre-Dame de Guadalupe de faire brûler devant son autel un cierge de cinq livres ; nous fîmes la même promesse à Notre-Dame de Lorette, qui est située dans la marche d'Ancône, près du pape ; et à sainte Claire de Moguer nous fîmes vœu de veiller une nuit entière et de faire dire une messe. Nous fîmes vœu encore tous ensemble d'aller en chemise, en procession, prier dans une église placée sous l'invocation de Notre-Dame, dès la première terre que nous toucherions... Ceci fait, je rédigeai une très brève relation de mon voyage, destinée à Leurs Altesses, et je la fis jeter à la mer dans un baril pour le cas où les navires naufrageraient. Pour ajouter à mon angoisse et à mon affliction, au milieu de cette horrible tempête certains coquins eurent le front de dire que nous naufragions parce que, peu expert dans les choses de la mer, j'avais oublié de lester convenablement les bateaux, sans penser qu'à présent les tonneaux qui, dans le voyage aller, avaient contenu la cécine, la saumure, la farine, les vins, de longue date déjà mangés et bus, revenaient vides. Comme cette accusation était malheureusement fondée, j'acceptai l'humiliation de l'admettre comme un châtiment de plus infligé à mon peu de foi. Je ne pouvais cependant m'empêcher d'éprouver une joie mauvaise en apprenant que cette canaille de Martín Alonso s'était perdu pendant cette terrible nuit ; il ne pourrait porter témoignage contre moi, si nous réussissions à échapper aux fureurs épouvantables des éléments... (Entraîné par les vents, Martín Alonso alla échouer sur les côtes de la Galice, d'où il écrivit au Roi et à la Reine une lettre bourrée d'infamies ; mais il plut à la divine providence qu'il mourût au moment où il s'acheminait vers la cour pour m'accabler sous le poids de ses calomnies. Que l'âme de ce grand fils de pute brûle dans les flammes de l'enfer !...) Quant à moi, et c'est un autre cas de conscience qui m'accable à mon heure dernière, je ne me souviens pas – mais cela est peut-être dû à la défaillance de ma mémoire – d'avoir accompli la promesse faite à Notre-Dame de Guadalupe ; en effet, de nombreuses occupations, tâches et affaires inattendues m'éloignèrent, et détournèrent mon attention, peu après mon retour... Et je me dis maintenant que les nombreuses souffrances que j'eus à subir à l'avenir sont dues à cette faute impardonnable.

L'incomparable Séville me reçut comme un prince vainqueur après une longue guerre, dans la magnificence de sa lumière d'avril : réjouissances, étendards, carillons, compliments admiratifs prodigués du haut des balcons, musiques d'orgues, trompettes de hérauts, bousculade de Fête-Dieu, sons de flûtes, flageolets et chalumeaux. Et après les fêtes et les manifestations d'allégresse, les banquets et les bals, me parvint la plus belle des récompenses : une lettre de Leurs Altesses m'invitant à la cour qui se trouvait à ce moment-là à Barcelone et – ceci était encore plus important pour moi – me pressant d'organiser sans délai un nouveau voyage aux terres par moi découvertes. César lui-même, entrant à Rome monté sur un char triomphal, n'avait pu éprouver plus de fierté que moi ! En lisant entre les lignes, je croyais deviner la satisfaction et l'éloge de Celle qui, me voyant tel un héros dans la geste d'un troubadour, considérait ma réussite, d'une certaine façon, comme un gage de victoire déposé par le chevalier sans tache aux pieds de sa Dame... Impatient de la revoir, je n'avais plus qu'à me mettre en route, avec les coffres contenant mes trophées, les perroquets encore en vie – un peu morveux et décatis après une si longue traversée, j'en conviens – et, surtout, ma petite troupe d'Indiens. Mais je dois dire que ces derniers, avec leurs regards chargés de haine, étaient le seul nuage – bien gênant ! – dont l'ombre obscurcissait le vaste ciel nouvellement ouvert devant moi après ma navigation, par une route désormais sûre, dans la direction du ponant. En effet, des dix captifs que j'avais amenés, trois étaient moribonds, sans que les médecins d'Espagne aient pu soulager des hommes que le moindre rhume, soigné chez nous à l'aide de sirops, de clystères et de ventouses, tenait prostrés, presque à l'agonie, pris des frissons de la fièvre. Il était évident que pour ces trois-là avait sonné, après l'heure de l'apothicaire, celle, sinistre, du charpentier. Quant aux autres, il semblait qu'ils dussent prendre le même chemin, quoique on lût la joie sur leur visage quand on leur apportait un pichet de bon vin, ce à quoi je veillais matin et soir. Et que l'on ne me dise pas que je les faisais boire pour les soûler – ce qui leur permettait d'ailleurs de mieux supporter les souffrances de leur exil – mais leur nourriture constituait de plus en plus un problème ardu. Pour commencer, ils tenaient le lait de chèvre et de vache pour le breuvage le plus dégoûtant que pût ingurgiter un homme et ils s'étonnaient de nous voir avaler ce liquide gras tout juste bon à élever des animaux qui leur inspiraient de la méfiance et je dirais même de la crainte car ils n'avaient jamais vu de bêtes à cornes dans leurs îles. Ils refusaient la cécine et le poisson salé. Ils n'aimaient pas nos fruits. Ils recrachaient les choux et les navets qu'ils trouvaient immangeables et même les plus succulents morceaux du pot-au-feu. Ils n'acceptaient que les pois chiches, parce qu'ils ressemblaient un peu, disait Dieguito, le seul d'entre eux qui avait réussi à apprendre un peu d'espagnol, au *maïs* de leur pays. De ce maïs, j'aurais pu en apporter de pleins sacs, mais je l'avais toujours dédaigné, estimant que c'était une nourriture indigne de gens civilisés, bonne peut-être à alimenter porcs ou bourricots. C'est pourquoi je me disais que le vin, puisqu'ils en étaient fous, pouvait leur être de quelque secours dans leur jeûne obstiné, et leur donner des forces pour entreprendre le nouveau voyage qui les attendait. Cependant, il fallait toujours résoudre le problème du vêtement avec lequel ils se présenteraient devant les souverains. Je ne pouvais pas les exhiber dans la quasi-nudité qui leur était coutumière dans leurs tribus, par respect pour Leurs Majestés. Mais si je les habillais à notre façon, ils ne seraient pas très différents de certains Andalous au teint hâlé, ou des chrétiens métissés de Maures qui pullulaient dans les royaumes d'Espagne. Un tailleur juif vint me tirer providentiellement de cette difficulté ; je l'avais connu autrefois près de la porte du ghetto de Lisbonne, où il tenait boutique, de circoncis devenu génois – comme tant d'autres ! – et il demeurait maintenant à Séville. Il me conseilla de les vêtir de grègues rouges cousues de fils d'or (C'est ça, c'est ça, dis-je), d'amples chemises, un peu échancrées sur la poitrine, qu'ils avaient sans aucun duvet, et de les coiffer de sortes de tiares, en fil d'or également (C'est ça... C'est ça... répétai-je : « que l'or brille »). Ces tiares seraient ornées de plumes aux couleurs chatoyantes, encore qu'elles ne fussent pas d'oiseaux des îles, retombant avec grâce sur une tignasse noire qui avait beaucoup poussé pendant le voyage et qu'il faudrait naturellement laver et étriller comme soies de cheval à l'aube du jour de la présentation.

Et ce jour arriva. Barcelone tout entière était en fête. Tel un forain qui entre dans un château pour y monter un grand spectacle, ainsi pénétrai-je dans le palais où l'on m'attendait, suivi de ma grande compagnie du Retable des merveilles des Indes, premier spectacle de ce genre présenté sur le grand théâtre de l'univers, compagnie qui attendit dans une antichambre, alignée selon un ordre déterminé depuis plusieurs jours, ayant moi-même dirigé les répétitions et mis en place les personnages. Escorté par des hérauts et des huissiers, je fis mon entrée dans l'appartement royal où se trouvaient Leurs Majestés, du pas lent et solennel d'un vainqueur, sans perdre la tête ni me laisser éblouir par le faste des vêtements et les applaudissements dont je fus salué ; je trouvai particulièrement agréables ceux de mes ennemis, bien marris maintenant. Ma boussole, mon phare, dans cette marche sur le tapis cramoisi qui me conduisait directement à l'estrade royale, c'était le visage de ma souveraine, illuminé en ce moment par le plus ineffable sourire. Après que j'eus baisé les mains du roi et de la reine, on me fit asseoir – moi, le Génois étrange, aux racines cachées dont je suis le seul à connaître le secret – entre la Castille et l'Aragon ; la grande porte d'entrée s'ouvrit de nouveau de part en part, et, portés haut, entrèrent les trophées. Sur des plateaux d'argent – très larges pour que les échantillons fissent l'effet d'être en plus grande quantité –, l'OR : de l'or en pépites, presque aussi grosses que le poing ; de l'or sous forme de petits masques ; de l'or en figurines employées certainement dans des cultes idolâtres, sur lesquels je tenais à être discret ; de l'or en petits grains, en lingots, en minces lamelles. Mais il n'y en avait pas autant que je l'eusse souhaité, et cet or me paraissait tout à coup bien peu de chose, trois fois rien, à côté des parures, des blasons, des étoffes brochées qui m'entouraient, à côté des vêtements chamarrés d'or, des masses des massiers, des broderies d'or du dais du trône. Ce n'était qu'un début, qui annonçait de riches filons, une véritable pluie d'or... Mais voici qu'entraient les Indiens – à l'appel du sifflet de gardien des lions, de garde-chiourme, dont je me servais pour leur donner tel ou tel ordre... ; ils avaient dans les mains, sur les épaules, sur les avant-bras, les vingt et quelques perroquets encore vivants, terriblement excités par l'agitation et les bruits de voix des présents, et surtout le pain trempé de vin rouge que je leur avais fait ingurgiter avant l'entrée en scène de mon cortège de prodiges d'outre-mer. Mes perroquets faisaient un tel vacarme que je fus pris de panique : allaient-ils soudain se mettre à répéter les grossièretés qu'ils avaient entendues à bord de mes caravelles et durant leur séjour sévillan ? Les Indiens s'agenouillèrent devant Leurs Majestés, dolents, les yeux mouillés, pris de frissons, apeurés. Ils demandèrent qu'on les libérât de l'esclavage dans lequel je les tenais enchaînés et qu'on les renvoyât dans leur pays. Mais moi j'expliquai qu'ils étaient émus et tremblaient de bonheur de se voir prosternés devant le trône d'Espagne... Puis entrèrent quelques-uns de mes matelots, portant des peaux de serpents et de lézards d'une dimension inconnue ici, outre des branches, des feuilles sèches, des plantes fanées, que je montrai comme échantillon d'épices de grand prix. Mais personne ne leur prêtait la moindre attention, car les regards étaient fixés sur les Indiens à genoux – qui continuaient à pleurer et à gémir –, et sur leurs perroquets verts qui commençaient à vomir leur gros rouge sur le royal tapis cramoisi. Voyant que mon spectacle se gâtait, je fis sortir les Indiens avec leurs oiseaux, et les matelots avec leurs plantes. Puis me levant, face à Leurs Majestés, de trois quarts pour la brillante assemblée qui emplissait la salle – où régnait, il faut le dire, une chaleur suffocante à laquelle se mêlait l'odeur aigre de la sueur qui souillait velours, soies et satins – je me mis à parler. Mon discours fut lent au début. Je fis le récit des péripéties du voyage, de l'arrivée aux Indes, des premiers contacts avec leurs habitants. Pour décrire leurs régions j'évoquai les beautés des provinces les plus réputées d'Espagne, les douceurs – je ne sais pourquoi – des campagnes de Cordoue, mais je n'y allai pas de main morte quand je comparai les monts de l'Espagnole aux cimes du Teide. Je racontai que j'avais vu trois sirènes un 9 janvier, en un lieu très fréquenté par les tortues : sirènes laides, à vrai dire, à tête d'homme, moins gracieuses, le chant moins doux, moins folâtres que d'autres que j'avais observées de près, tel Ulysse (mirobolante calembredaine !) sur les côtes de Malaguette. Et comme, dans un discours, le plus important est l'exorde, je me reculai, pour mieux faire porter ma voix ; puis peu à peu, le geste large, le verbe enflammé, m'écoutant parler comme qui entend les paroles d'un autre, les noms des régions les plus prestigieuses de l'histoire et de la fable rutilèrent sur mes lèvres. Tout ce qui pouvait briller, scintiller, éblouir, s'élever aux dimensions d'une hallucinante vision de prophète, venait à ma bouche comme sous la poussée d'une diabolique énergie. Soudain l'île Espagnole, transfigurée par ma musique intérieure, cessa de ressembler à la Castille et à l'Andalousie, grandit, prit de vastes proportions, devint comparable aux fabuleuses cimes de Tharsis, d'Ophir et d'Ophar, limite enfin découverte du prodigieux royaume de Cypango. C'est là que se trouvait la mine richissime connue de Marco Polo, ce dont je venais annoncer la nouvelle à ce royaume et à la chrétienté tout entière. La Colchide d'or était atteinte cette fois, non dans un mythe païen, mais dans la pleine réalité. Et l'Or était noble, et l'Or était bon : *Les Génois, les Vénitiens et tous ceux qui ont des perles, des pierres précieuses et autres choses de valeur, tous les portent au bout du monde pour les troquer, les échanger contre de l'or ; l'or est merveilleux ; on en fait les plus riches trésors du monde, et celui qui en possède fait grâce à lui tout ce qu'il veut et réussit même à envoyer des âmes en paradis...* Avec mon prodigieux voyage la prophétie de Sénèque était devenue réalité. Les lentes années étaient venues...

>   *... Venient annis*
> *saecula seris quibus Oceanus*
> *uincula rerum laxet...*

Ici je coupai le vers, car j'eus l'impression un peu gênante – peut-être m'étais-je trompé – que Columba, clignant des yeux imperceptiblement, me regardait avec un air de : *Quousque tandem Christoforo ?*... Aussi, haussant le ton, passai-je à un registre supérieur. J'étais, par la grâce de Leurs Majestés, le découvreur et l'huissier d'horizons insoupçonnés ; je venais d'arrondir – telle une poire, tel un sein de femme – et mon regard rencontra celui de ma Dame, un monde que Pierre d'Ailly, illustre chancelier de la Sorbonne et de Notre-Dame de Paris, avait vu comme *presque* rond, *presque* sphérique, tendant ainsi un pont entre Aristote et moi. De la sorte était confirmé ce qui était écrit dans le livre des prophéties d'Isaïe : « Le pays s'est rempli d'argent et d'or, et ses trésors sont sans limites » ; « tu as multiplié la nation, tu as fait croître sa joie ; ils se réjouissent devant toi comme on se réjouit à la moisson, comme on exulte au partage du butin. » Ainsi parla Isaïe. Et par quelle bouche entendait-on à présent la voix d'Isaïe ?...

Quand j'eus terminé, je m'agenouillai avec une noblesse de gestes très étudiée la veille, les souverains s'agenouillèrent, tous les présents s'agenouillèrent, étouffés par les pleurs, tandis que les chantres, les sous-chantres et les enfants de chœur de la chapelle royale faisaient éclater le *Te Deum* le plus solennel que l'on eût jamais chanté en ces lieux. Et lorsque les voix célestes revinrent sur terre, on décida que mes sept Indiens seraient instruits dans la foi chrétienne, et qu'il faudrait les baptiser dès qu'ils auraient des notions suffisantes de notre religion. « Qu'on ne les traite pas en esclaves, dit la reine. Et qu'ils soient rendus à leur pays sur le premier navire qui fera voile vers les Indes... » Cette nuit-là, je revis ma Dame dans l'intimité de ses appartements privés, où nous connûmes la joie des retrouvailles après une longue et périlleuse absence. Et du diable si, des heures durant, je pensai aux caravelles et aux Indes. Mais, peu avant l'aube, moment où les amants comblés, les yeux ouverts dans une nuit qui commence à se dissiper, parlent à cœur ouvert, je crus remarquer que Columba, reconsidérant les événements, revenue au sens des réalités que je lui connaissais bien, ne se montrait pas aussi entièrement conquise par les paroles de mon discours que je l'avais cru. Elle loua mon langage fleuri, l'opportunité de mes citations, l'habileté de mes comparaisons, mais je la trouvais fuyante, réticente à formuler un jugement sincère et généreux sur l'importance de mon entreprise. « En un mot... que dit-on de la cérémonie d'aujourd'hui ? », demandai-je, pour la faire parler un peu plus. « Pour être franche, on dit, on dit que pour amener sept petits hommes pleurnichards, chassieux, malades, et apporter des feuilles et des plantes, tout juste bonnes à faire des fumigations pour les lépreux, et un or qui tient largement dans une dent creuse, il ne valait pas la peine de dépenser deux millions de maravédis. – Et le prestige de vos couronnes ? criai-je. – Nous avons acquis assez de prestige avec l'expulsion des juifs et la reconquête du royaume de Grenade. Prestige solide et authentique est celui que l'on gagne en ce qui se voit, en ce qui se palpe, en ce que permettent d'obtenir des lois dont le retentissement parvient jusqu'à Rome même et des triomphes guerriers qui passent à la grande histoire... Mais à supposer que ton aventure nous donne du prestige, ce sera à long terme. Jusqu'ici tout s'est passé en des pays que nous ne pouvons même pas imaginer, où n'a été gagné aucun combat, où n'a été obtenue aucune victoire mémorable – *in hoc signo vinces*... ; tout se réduit pour le moment à inspirer les légendes des images que vendent les aveugles, à des fables auxquelles on en rajoute au gré de l'auditeur, ainsi qu'il arriva pour les exploits de Charlemagne dont on raconte qu'il entra victorieux à Saragosse, après avoir humilié le roi de Babylone ; mais la vérité est que, après un siège facile et peu glorieux, il rentra en France, assez déconfit, laissant son arrière-garde sous les ordres du paladin Roland qui... bon !... tu connais la fin de l'histoire... – C'est entendu, mais moi j'ai rapporté de l'or ! m'exclamai-je. Tout le monde l'a vu ! Il y a là-bas une mine d'une richesse fabuleuse... – Si la mine est si riche, ce sont de lourds lingots que tes hommes auraient dû porter sur leurs épaules, et non des broutilles qui, selon mes orfèvres, valent à peine une centaine de maravédis... » Je lui parlai de l'impossibilité, vu le peu de temps que j'étais resté là-bas, d'entreprendre un véritable travail d'extraction ; de l'urgence qu'il y avait à rentrer le plus vite possible en Espagne pour rendre compte de ma découverte... « J'ai fait examiner par un expert les plantes que tu as apportées : il n'y a ni cannelle, ni noix de muscade, ni poivre, ni clous de girofle : donc tu n'es pas arrivé aux Indes, dit-elle. Fanfaron comme d'habitude. – Et où suis-je donc arrivé ? – A un endroit qui ne ressemble en rien à une province des Indes. – Dans cette entreprise j'ai engagé mon honneur et risqué ma vie. – Ne nous emballons pas : si tu n'avais pas rencontré Maître Jacob dans l'Ile des Glaces, tu n'aurais pas navigué à coup sûr. Tu savais que, de toute façon, tu trouverais une terre. – Une terre aux trésors fabuleux ! – On n'en a pas l'impression, d'après les échantillons. – Pourquoi diable m'avez-vous écrit, alors, pour me presser de faire un second voyage ? – Pour baiser le Portugal », répondit-elle, en mordant tranquillement un morceau de massepain de Tolède : « Si nous ne nous installons pas là-bas dès à présent, les autres nous dameront le pion. Ceux-là mêmes à qui par deux fois tu as failli vendre ton entreprise, sans te soucier des couronnes de Castille et d'Aragon. Ils sont déjà en train d'envoyer des messages au pape pour réclamer la propriété des terres que leurs navigateurs n'ont même pas aperçues. – Ainsi donc mon voyage n'a servi à rien ? – Je n'irai pas jusque-là. Mais, morbleu... ! Comme tu nous compliques la vie ! Maintenant il faudra affréter des navires, chercher de l'argent, retarder la guerre d'Afrique pour planter notre étendard – on ne peut faire autrement – sur des terres qui, pour moi, ne sont ni Ophir, ni Ophar, ni Cypango. Essaie d'apporter davantage d'or cette fois, et des perles, et des pierres précieuses, et des épices. Je croirai alors à bien des choses qui de ta part me font l'effet d'histoires à dormir debout... » Je sortis d'assez méchante humeur, je l'avoue, de l'appartement royal. Certaines paroles m'échauffaient les oreilles. Mais ma contrariété n'était pas aussi vive qu'autrefois, lorsque rien ne venait encourager mes desseins. L'océan était en vue de nouveau. Dans quelques mois je connaîtrais encore une fois la joie de voir se gonfler les voiles, dans des bordées plus sûres que lors de mon antérieure traversée... Et cette fois, j'aurais des navires en nombre suffisant ; ce coquin de Martín Alonso maintenant était mort ; je commanderais de vrais marins, avec le titre d'Amiral, le rang de Vice-Roi et la dignité de *Don*... Je revins à l'arsenal, où les Indiens claquaient des dents sous des couvertures de laine, et les perroquets achevaient de vomir leur vin, les yeux vitreux, tels des poissons crevés, les ailes tombantes, les pattes recroquevillées, les plumes chiffonnées, comme si on les avait poussés à coups de balai... Ils moururent bientôt tous. Peu de jours après avoir été baptisés moururent aussi six des sept Indiens que j'avais exhibés devant les souverains : l'un d'une maladie de poitrine, l'autre de la rougeole, un autre encore de diarrhée. Par Dieguito, le seul qui me restait, j'appris que ces hommes n'avaient pour nous ni amour ni admiration : ils nous tenaient pour perfides, violents et cruels, ils trouvaient que nous étions sales et que nous sentions mauvais, ils étaient surpris de voir que nous ne nous baignions jamais, eux qui, plusieurs fois par jour, rafraîchissaient leur corps dans les rivières et les cascades de leur pays. Ils disaient que nos maisons puaient la graisse rance ; nos rues étroites, la merde ; que nos plus fringants chevaliers sentaient du gousset et que si nos dames portaient tant de jupes, de corsages, de colifichets et de falbalas, c'était qu'elles voulaient cacher des difformités et des plaies qui les rendaient répugnantes, ou bien qu'elles avaient honte de leurs seins, si gros, qu'ils semblaient toujours prêts à déborder de leur décolleté ! Nos parfums et nos essences – y compris l'encens – les faisaient éternuer ; ils étouffaient dans nos appartements étroits et s'imaginaient que nos églises étaient des lieux de châtiment et d'épouvante, à cause des nombreux infirmes, estropiés, pouilleux, nains et monstres qui s'entassaient sur les parvis. Ils ne comprenaient pas non plus pourquoi tant de gens, qui n'étaient pas des soldats, étaient armés ; ni comment tant de seigneurs richement parés pouvaient contempler sans vergogne du haut de leurs resplendissantes montures un perpétuel et gémissant étalage de misères, de purulences, de moignons et de haillons. Pour le reste, la tentative de leur inculquer des rudiments d'instruction chrétienne avant de recevoir l'eau du baptême avait échoué. Je ne dirai pas qu'ils faisaient preuve de mauvaise volonté. Tout simplement, ils ne comprenaient rien. Si Dieu en créant le monde, et les plantes, et les êtres qui le peuplaient, avait pensé que tout cela était bon, ils ne voyaient pas pourquoi Adam et Ève, créés à l'image de Dieu, avaient commis une faute en mangeant les bons fruits d'un bon arbre. Ils ne pensaient pas que la nudité totale fût quelque chose d'indécent : si les hommes, *là-bas*, portaient des pagnes, c'est qu'il fallait protéger le sexe, fragile, sensible et un peu encombrant parce qu'il pend, des arbustes épineux, des herbes coupantes, des piquants, des coups ou des piqûres de bêtes venimeuses ; quant aux femmes, il était préférable pour elles de couvrir leur sexe avec cette petite pièce de coton que je connaissais, pour qu'elles n'eussent pas à étaler au moment des règles une désagréable impureté. Ils ne comprenaient pas non plus certains tableaux de l'Ancien Testament que je leur montrai : ils ne voyaient pas pourquoi le mal était représenté par le serpent, puisque les serpents de leurs îles n'étaient pas venimeux. D'autre part, cette histoire de serpent avec une pomme dans la gueule les faisait partir d'un grand éclat de rire, parce que – m'expliquait Dieguito – « le serpent ne mange pas de fruits »... Bientôt je lèverai l'ancre de nouveau, et de nouveau je cinglerai vers les avancées de Cypango que j'ai découvertes – quoique Columba, insupportable ces jours-là à cause peut-être du retour d'âge, eût répété cent fois qu'elles n'avaient rien à voir avec Cypango. Mais en ce qui concerne l'évangélisation des Indiens, je laisse ce soin à des hommes plus capables que moi ! Gagner des âmes n'est pas mon fait. Il ne faut pas demander une vocation d'apôtre à celui qui a l'esprit d'entreprise d'un banquier. Ce que l'on me demande – présentement – et de façon pressante, c'est de trouver de l'or, beaucoup d'or, le plus d'or possible, car ici aussi est apparu dans le ciel – et ce, grâce à moi – le mirage de la Colchide et des Chersonèses.

Iles, îles, îles... Des grandes, des petites, des revêches et des douces ; île chauve, île hirsute, île de sable gris et de lichens morts ; île aux graviers polis, qui montent, qui s'affaissent au rythme de chaque vague ; île brisée – profil en dents de scie, – île ventrue – comme femme enceinte –, île pointue au volcan endormi ; île que chevauche un arc-en-ciel de poissons perroquets ; île à l'austère éperon, aux bigorneaux sur roches, à la mangrove griffue ; île montée sur l'écume, telle infante enjuponnée de dentelles ; île aux concerts de castagnettes, île aux gueules beuglantes ; île ceinturée de récifs, propice aux échouages ; île sans nom ni histoire ; île où chante le vent dans le creux d'énormes buccins ; île du corail à fleur d'eau, île du volcan éteint ; île Vertemousse, île Griseglaise, île Blanchesaline ; constellation d'îles ensoleillées, si dense – j'en ai compté jusqu'à cent quatre –, qu'en pensant à qui je pense, je l'ai appelée *Jardin de la Reine*... Iles, îles, îles. Plus de cinq mille îles entourent, selon les chroniques des Vénitiens, le grand royaume de Cypango. Je suis donc dans ses parages immédiats... Cependant, à mesure que les jours passent, je vois s'éloigner la couleur de l'or, car bien que le métal continue à apparaître de-ci de-là, sous forme de parures, de figurines, de petits grains, de pépites – qui jamais ne rempliraient la main d'un bon Génois –, il ne s'agit finalement que de miettes, d'escarbilles, de minuscules copeaux d'un grand filon qui demeure caché ; il est vrai qu'il en a été de même dans l'île Espagnole où je me suis bercé des mêmes illusions. Déjà, dans le mémorial de mon second voyage, j'éprouve le besoin de me disculper. Je fais dire à Leurs Altesses que j'aurais souhaité leur envoyer une grande quantité d'or, mais que j'en suis empêché par les nombreuses maladies qui affectent mes matelots. J'affirme que ce que j'ai envoyé ne doit être considéré que comme *échantillon*. Car il y en a beaucoup plus, j'en suis sûr. Et je poursuis mes recherches, l'espoir au cœur, anxieux, brûlant d'impatience, et de plus en plus désabusé, incapable de savoir en quel endroit sont enfouis la Mine Originelle, le Placer Primordial, le Grand Gisement, le Souverain Bien de ces terres aux épices sans épices... Maintenant, dans cette chambre où tombe déjà le crépuscule, en attendant le confesseur qui devrait être là, puisque la bourgade où on est allé le chercher n'est pas loin, je continue à feuilleter les brouillons de mes relations et de mes lettres. Et faisant un retour sur moi-même, à travers ces écrits qui remontent à de nombreuses années, je remarque qu'un changement diabolique s'opère dans mon esprit. Irrité par ces Indiens qui ne me livrent pas leur secret, qui à présent cachent leurs femmes, lorsque nous nous approchons de leurs villages, parce qu'ils nous tiennent pour malhonnêtes et luxurieux ; ces Indiens méfiants et insolents qui nous lancent des flèches de temps à autre – sans nous causer grand mal à vrai dire – je cesse de les voir comme des êtres innocents, bons, pacifiques, incapables de malice au point de ne pas considérer indécente la nudité, que j'ai dépeints à mes maîtres de façon idyllique au retour de mon premier voyage. Maintenant je leur donne, de plus en plus souvent, le nom de *cannibales*, bien que je ne les aie jamais vus se nourrir de chair humaine. L'Inde des épices se transforme pour moi en l'*Inde des Cannibales*. Cannibales peu dangereux – j'insiste sur ce point – mais qui ne peuvent être laissés dans l'ignorance de notre sainte religion ; cannibales dont les âmes doivent être sauvées (voici que je m'en soucie tout à coup !) comme furent sauvées chez les gentils celles de millions d'hommes et de femmes par la parole des apôtres du Seigneur. Mais, comme il est évident qu'il n'est pas possible d'évangéliser ces cannibales, à cause de notre ignorance de leurs langues (elles sont très nombreuses et d'une trop grande variété), je crois que la solution de ce grave problème, qui ne peut laisser l'Église indifférente, est de les transporter en Espagne, en qualité d'esclaves. J'ai dit *d'esclaves*. Maintenant que je suis aux portes de la mort, ce mot m'atterre, mais il est écrit en toutes lettres, dans ce mémorial que je relis. Je demande licence de *faire le commerce des esclaves*. J'affirme que les cannibales de ces îles feront des esclaves *d'un rendement bien supérieur à celui de tous les autres*, et je signale qu'ils sont d'une incroyable frugalité : ils mangent bien moins à mon avis que les nègres si nombreux à Lisbonne et à Séville. (Je me dis que puisque je ne trouve pas d'or, on peut substituer à ce dernier l'irremplaçable énergie humaine, force de travail qui procure somme toute plus de profits que le fallacieux métal que l'on reçoit d'une main pour le dilapider de l'autre...) De plus, pour appuyer ma proposition, j'envoie sur un navire plusieurs de ces cannibales, choisis parmi les plus vigoureux, en compagnie de *femmes et d'enfants, garçons et filles*, pour que l'on puisse voir qu'ils pourront croître et multiplier en Espagne, ainsi qu'il arrive avec les captifs amenés de Guinée. Et je montre que tous les ans nombre de caravelles pourraient venir avec l'autorisation royale chercher d'importantes cargaisons de cannibales, dont nous les fournirions en abondance, après avoir donné la chasse aux habitants de ces îles et les avoir rassemblés dans des champs clôturés en attendant leur embarquement. Et si l'on m'objecte que nous allons ainsi nous priver d'une main-d'œuvre nécessaire, je conseille de m'envoyer d'Espagne un millier d'hommes, avec des centaines de chevaux, pour labourer la terre, acclimater le blé et la vigne, et élever du bétail. Il faudra rétribuer ces hommes, en attendant que ces îles connaissent la prospérité. Mais il me vient une idée ingénieuse dont j'ai eu à l'époque l'impudence d'être fier : ce salaire ne devrait pas leur être payé en argent ; le trésor royal installerait des magasins avec des tissus, des chemises ordinaires et des pourpoints de toile, des casaques, des chausses, des souliers, et aussi des médicaments, des drogues diverses, *des denrées de luxe* et des produits de Castille que *ces gens-là recevraient avec plaisir en déduction de leur salaire.* (C'est-à-dire qu'ils seraient payés en marchandises de chez nous, et nous ferions un fabuleux bénéfice, car ils ne verraient jamais un liard. De plus, comme l'argent n'aurait pour eux guère d'utilité, ils s'endetteraient jusqu'à la mort, en signant des reçus pour leurs achats...) Considérant, toutefois, que la chasse aux esclaves proposée par moi ne pourrait être pratiquée sans provoquer quelque résistance de la part des cannibales, je demande – homme prévenu en vaut deux – l'envoi de *deux cents cuirasses, cent espingoles et cent arbalètes*, avec le matériel d'entretien et les pièces de rechange... Et j'achève cette kyrielle de honteuses propositions, faites en la ville d'Isabela, le 30 janvier 1496, en priant Dieu de nous donner une *bonne quantité d'or* comme si ce jour-là, je n'avais pas encouru la disgrâce de Dieu, en devenant trafiquant d'esclaves. (Au lieu de lui demander pardon et de faire pénitence, malheureux, tu lui demandes une *bonne quantité d'or* ; la putain en fait de même, tous les soirs, souhaitant l'apparition providentielle d'un débauché généreux, à la bourse bien garnie !...)

... Mais quand j'écrivais à Leurs Altesses je mentais une fois de plus. Je faisais état de projets qui avaient certes mûri dans mon esprit (c'est pourquoi j'avais envoyé comme échantillon quelques captifs avec femmes et enfants) mais que je me réservais de développer à mon retour en Espagne, lorsque j'aurais l'occasion de m'avancer ou de faire marche arrière selon la tête que feraient mes interlocuteurs. Mais par malheur les événements m'avaient devancé ; d'autres avaient eu la même idée que moi, et avaient transformé en fait accompli ce que j'avais médité à froid en attendant l'assentiment royal qui m'eût permis de faire oublier les cuisants échecs de mon entreprise. Et d'une plume hâtive je tâchais de conjurer la tempête qui m'avait assailli en cette île, et qui pourrait bien souffler par-dessus l'océan et aller renverser la statue que j'avais réussi à ériger avec tant de difficulté – statue imparfaite encore et un peu chancelante sur son socle – lors de la grande comédie de Barcelone. C'est que, à mon retour d'une expédition dans des îles voisines, j'avais trouvé les Espagnols en proie à une vive agitation, lancés, au mépris de toute autorité, dans de cruelles entreprises dictées par la cupidité. Ils étaient tous malades de l'Or, infectés par l'Or. Mais si leur maladie était semblable à la mienne – puisque en cherchant l'or avec acharnement, ils ne faisaient que suivre mon exemple –, les causes de cette vésanie n'étaient pas les mêmes. Je ne voulais pas l'or pour moi (du moins pour l'instant...). J'en avais besoin avant tout pour garder mon prestige à la cour et justifier la légitimité des hauts titres qui m'avaient été octroyés. Je ne pouvais pas admettre que l'on continuât à dire que ma très coûteuse entreprise n'avait procuré d'autre profit au trône royal qu'« un or qui ne remplissait même pas une dent creuse ». Ma maladie était une maladie de Grand Amiral. Celle de cette racaille d'Espagnols, en revanche, était la maladie de gredins qui voulaient le métal pour eux – pour le thésauriser, le cacher, et abandonner ces terres le plus tôt possible, fortune faite, afin de satisfaire, *là-bas*, leurs vices, leur luxure et leurs appétits de richesses. En mon absence, oublieux de mes instructions – outrageant mon frère Barthélemy qu'ils tenaient comme moi pour un étranger – ils s'étaient répandus dans toute l'Espagnole, rossant les Indiens, incendiant leurs villages, tuant et torturant pour savoir où était la maudite mine invisible que je cherchais moi-même – sans parler des cent femmes violées dans toutes les expéditions. La résistance des indigènes s'organisait de façon si dangereuse – s'ils ne disposaient pas d'armes comme les nôtres, ils connaissaient mieux le terrain – qu'il me fallut envoyer des bataillons à l'intérieur. En un lieu que nous appelions « de la Vega Royale », les Espagnols firent plus de cinq cents prisonniers qu'ils enfermèrent dans une enceinte clôturée, réserve-prison pourvue de meurtrières pour tirer sur les révoltés dont je ne savais que faire.

Ils ne pouvaient être rendus à la liberté, car ils auraient porté la voix de la révolte à d'autres tribus. Nous n'avions pas de provisions suffisantes pour les nourrir. Les exterminer en masse – comme le voulaient certains – me sembla excessif ; une telle décision aurait été sévèrement censurée par Ceux qui m'avaient octroyé mes titres et je ne connaissais que trop bien les scrupules de Columba. Mais devant le fait accompli, et puisqu'il me fallait à tout prix me défaire de ces cinq cents prisonniers, je résolus, d'accord avec mon frère, d'exploiter une situation devenue irréversible, en atténuant, en déguisant et en justifiant ce qui n'était après tout que l'instauration, en ces îles, de l'esclavage. Je montrai les nombreux profits d'une telle institution et, enfin, la nécessité de l'évangélisation. Voilà comment, sans que les Rois Catholiques m'eussent autorisé à exercer la traite, j'embarquai à coups de fouet les Indiens sur deux navires, n'ayant pas trouvé de meilleure solution au conflit d'autorité que je devais résoudre. De plus – nouvelle tromperie –, ces esclaves n'étaient pas de vrais esclaves, comme ceux qui venaient d'Afrique, mais des sujets rebelles à leurs souverains, des prisonniers, tristes mais inévitables victimes d'une *guerre juste et nécessaire* (*sic*). Transportés en Espagne, ils cesseraient d'être dangereux. Et chacun d'eux devenant *une âme* que l'on arrachait, conformément aux commandements de je ne sais quel Évangile, à une idolâtrie certaine, démoniaque comme le sont toutes les idolâtries dont je parlais de plus en plus souvent dans mes lettres et relations, en affirmant que certains petits masques d'ornement, que j'avais vus sur les coiffures des caciques, avaient un profil qui rappelait fâcheusement celui de Belzébuth. (Et comme c'est le premier pas qui coûte le plus, Barthélemy recevrait bientôt mes instructions pour charger trois autres caravelles de ce butin humain qui venait remplacer pour l'instant l'or dont on ne voyait trace nulle part.)

*

... Et ce fut, à l'aube de mon second retour, le branle-bas et le tumulte du débarquement : va-et-vient des matelots, liesse et beuveries, filles et zarambeques[1]. Je me vêtais de mes plus beaux atours de Grand Amiral quand je tressaillis de joie en voyant apparaître Maître Jacob ; après m'avoir donné l'accolade, celui-ci me dit qu'il était de passage en ce port afin de recevoir une cargaison importante de vins andalous destinés aux Scott de Saint-Patrice – adonnés de plus en plus au culte de Bacchus. « Je sais que tu as été au Vinland », ajoute-t-il, prenant mon outre de vin rouge, que j'avais vidée à moitié pour me ragaillardir. « C'est un bon pays, dis-je sans acquiescer ni nier. Mais il y a plus bas des terres meilleures encore. » Je l'embrasse de nouveau, heureux de le revoir, après tant de tribulations, considérant sa présence inattendue comme un présage de succès. J'étais heureux, je le répète, quand je reçus une douche froide en apprenant qu'après la vente fructueuse, à Séville, d'un lot de mes Indiens capturés à l'Espagnole, était arrivé, sévère et foudroyant, un décret royal interdisant le trafic florissant que j'avais conseillé et instauré. Il semble que Leurs Altesses, tourmentées de scrupules,

1. *Zarambeque :* danse nègre. (*N.d.T.*)

avaient réuni une commission de théologiens et de canonistes pour savoir si le trafic était licite, et mes ennemis de toujours s'étaient prononcés, comme d'habitude, au détriment de mes intérêts. Ainsi, l'argent obtenu en deux jours avec la vente de plus de deux cents esclaves était sujet à remboursement. Ceux qui avaient déjà emmené leurs Indiens sous promesse de paiement rapide devraient restituer la marchandise humaine, leur dette étant remise. Et l'on m'interdirait dorénavant d'embarquer de nouveaux captifs pour l'Espagne ; en conséquence, je devrais fermer, aux îles, mes réserves d'Indiens, et suspendre la capture d'hommes et de femmes si efficacement commencée. Je me mis à pleurer de rage, sur l'épaule de Maître Jacob. Voilà que s'écroulait le seul trafic profitable auquel j'eusse pensé pour compenser le manque d'or et d'épices ! Dans ce second retour, que j'avais imaginé glorieux, je me voyais ruiné, discrédité, appelé *charlatan* (*sic*) par le peuple qui hier m'acclamait ! Et les matelots qui m'attendaient pour descendre des caravelles en un défilé brillant et triomphal !... Tout d'un coup mon vêtement rutilant, mes chausses, mon bonnet de drap doré, mes insignes de Grand Amiral me semblent lamentables et ridicules !... Et en moi resurgit, comme tant d'autres fois, en désespoir de cause, le batteur d'estrade qui m'habite secrètement, avec le masque renfrogné et douloureux que je mets quand cela me convient, tel celui d'un martyr en un auto-sacramental. Je me dévêts en hâte et mets l'habit du tiers ordre de Saint-François, avec cordon à la ceinture, pieds nus, tête nue, et les yeux voilés par une tristesse ostentatoire, je prends la tête de mes matelots stupéfaits, pour descendre à terre avec l'air visiblement accablé d'un pénitent de semaine sainte. *Kirie eleison*...

Mais, au premier rang de ceux qui se serrent près du bordage pour assister à mon retour, je reconnais le visage, crispé en une grimace faussement compatissante, de ce Rodrigo de Triana à qui j'avais enlevé les dix mille réaux de la royale récompense, pour les donner à Beatriz, mon amante dédaignée. J'esquive un regard accusateur non sans avoir remarqué que le marin porte encore, en manière de dérision, le pourpoint de soie que je lui avais donné *cette fois-là* – aujourd'hui tout râpé et reprisé, mais qui avait gardé sa vive couleur rouge, la couleur du diable. Je me demande atterré si la présence de Rodrigo ici, en un jour pareil, n'est pas la présence de Celui qui, m'épiant pour m'entraîner dans son Royaume des Ténèbres, dès à présent me demande des comptes. De pacte, il n'y en eut point. Mais il y a des pactes qui se passent de parchemin paraphé avec du sang quand on jouit de merveilles refusées au commun des mortels ; grâce aux mensonges et aux duperies inspirées par le Malin, il en reste un témoignage gravé en termes indélébiles. En dépit de l'habit franciscain qui me vêt présentement, mon corps est semblable à celui du Pseudo-Cyprien, l'hérétique carthaginois, qui mit en gage son âme pour recouvrer une jeunesse perdue et abuser malhonnêtement de la candeur d'une vierge – comme vierge et ignorante du mal de l'or fut la terre que j'ouvris à la cupidité et à la luxure des hommes d'ici. *Kirie eleison.*

... Un deuxième, un troisième voyage : ce brouillon me les rappelle au moment où je vais entreprendre celui d'où l'on ne revient pas, dans ce triste crépuscule de Valladolid éclairé par deux bougies qu'apporte une servante au pas feutré. Celle-ci s'en va sans rien me demander, me voyant plongé dans la lecture angoissée de vieux papiers étalés en désordre sur le drap – un suaire presque – de ce lit où mes coudes de fiévreux étirent la bure de l'habit de mon ordre, avec laquelle, peut-être sans l'avoir mérité, j'ai voulu envelopper mon corps amaigri... Un deuxième, un troisième voyage, et le gros tas d'or – quel langage de cambiste, quel langage de banquier lombard !... – que j'avais demandé au Seigneur, en une prière sacrilège, n'arrivait pas ; au Seigneur devant qui j'avais fait vœu de pauvreté par respect pour une règle souvent transgressée à vrai dire à notre époque – complément d'un cérémonial auquel je m'étais soumis par la volonté de ma Dame. Ni grosse quantité d'or, ni de perles, ni d'épices, ni profit substantiel à tirer de la vente des esclaves sur le marché de Séville. Et de même que j'avais essayé de remplacer l'Or des Indes par la Chair des Indes, en voyant que je ne trouvais pas d'or ni ne pouvais vendre d'esclaves, je me mis – apprenti sorcier prodigieux – à remplacer or et chair par des Mots. Des mots riches de sens et de substance, des mots éloquents et beaux, conduits en un brillant cortège digne de Savants, de Docteurs, de Prophètes et de Philosophes. N'ayant pas trouvé la Mine tant vantée, tant espérée, j'escamote l'objet de mon tour de passe-passe et je fais voir à Leurs Altesses que tout ce qui brille n'est pas or. La couronne de Portugal a dépensé des sommes énormes en navigations de prestige – sans profit matériel sensible – qui portèrent aux nues sa renommée dans l'univers tout entier. Je sais que mes voyages ont coûté beaucoup et ont donné peu de résultats. Mais j'invoque les millions d'âmes qui grâce à eux pourront être sauvées, si l'on envoie *là-bas* de bons prédicateurs, comme ceux qui assistèrent Jean de Monte Corvino dans son diocèse de Cambaluc. Si l'on n'a pas « apporté des échantillons d'or en quantité suffisante », on a beaucoup travaillé (et ce n'est pas ce qui compte le moins) *dans l'ordre spirituel et temporel.* C'est le devoir des rois d'encourager de telles entreprises, et il faut se rappeler que Salomon paya les frais d'un voyage de trois ans de sa flotte dans le seul but de voir le mont Sopora ; qu'Alexandre envoya des émissaires à l'île de Trapobane, dans les autres Indes, pour en avoir une meilleure connaissance, et que Néron César (pourquoi l'idée m'est-elle venue de citer cet abominable persécuteur de chrétiens ?) chercha avec acharnement à savoir où étaient les sources du Nil. *C'est aux princes qu'il appartient de réaliser ces grandes choses.* Et maintenant... bon ! Je n'ai pas trouvé l'Inde des épices mais l'Inde des Cannibales ; cependant... sacrebleu ! je n'ai découvert rien de moins que le Paradis Terrestre. Oui !

Oyez tous et divulguez cette agréable nouvelle dans tous les pays de la chrétienté !... Le Paradis Terrestre est situé en face de l'île que j'ai appelée de la Trinité, aux bouches du Dragon, là où les eaux douces, venues du Ciel, livrent combat aux salées – amères en raison des nombreux rebuts terrestres. Je l'ai vu vraiment, mais il n'est pas placé aux endroits où les cartographes, qui nous trompent et se trompent eux-mêmes, l'imaginent tantôt ici, tantôt là, avec Adam et Ève de chaque côté de l'arbre, serpent maquereau, enceinte sans créneaux, zoologie domestique, fauves affectueux et compassés et tout le reste au gré de la fantaisie de chacun. Je l'ai vu. J'ai vu ce que personne n'a jamais contemplé : la montagne en forme de sein de femme, ou mieux, de poire avec sa queue – oh ! toi, à qui je pensai ! – marquant le centre du jardin de la Genèse qui se trouve là et non ailleurs. Beaucoup en ont parlé sans nous dire finalement où il est : *je n'ai jamais trouvé en effet d'écrit en latin ou en grec qui nomme avec précision le lieu du Paradis Terrestre, et je ne l'ai vu sur aucune mappemonde, si ce n'est situé d'autorité. Certains le plaçaient là où coulent les sources du Nil en Éthiopie ; mais d'autres parcoururent toutes ces régions et diffèrent d'opinion... Saint Isidore, Bède, Strabon et le maître de l'histoire scolastique et saint Ambroise et Scott et tous les bons théologiens sont d'accord pour placer le Paradis Terrestre à l'Orient*, etc. Je répète « qu'il est à l'Orient, sans oublier le etcétéra, car cet etcétéra peut être n'importe quoi. Il se situe donc dans un Orient qui ne pouvait faire autrement que d'être l'Orient tant que l'on pensa qu'il existait un seul Orient possible. Mais comme je suis arrivé à l'Orient en naviguant vers le Ponant, j'affirme que ceux qui avancèrent une telle théorie se trompaient et dessinaient des cartes fantaisistes, leurrés qu'ils étaient par des contes et des fables ; en effet, ce que purent contempler mes yeux me fournit les preuves selon lesquelles j'ai découvert l'unique, le véritable, l'authentique Paradis Terrestre tel que peut le concevoir un être humain à travers les Saintes Écritures : un lieu où poussaient d'infinies variétés d'arbres, beaux à voir, dont les fruits étaient savoureux ; d'où coulait un vaste fleuve qui contournait *une région riche en or* ; et l'or, je le répète et je le soutiens, s'y trouve en très grande abondance bien que je n'aie pas eu – mineur minable qui ne découvre aucun riche filon – la chance de mettre la main sur le gros tas que j'escomptais... Et, après avoir invoqué ces vrais théologiens que sont Isidore, Ambroise et Scott, afin de faire la nique aux médiocres théologiens espagnols d'à présent, qui m'ont toujours manifesté leur antipathie, je remonte à la science de Pline, d'Aristote, et une fois de plus la voyance de Sénèque, pour m'appuyer sur l'indiscutable autorité des anciens, cautionnés, comme Virgile, annonciateur de temps nouveaux, par l'Église elle-même... Et quand j'en viens au récit de mon quatrième voyage, au moment où nous longeons une terre qui a l'aspect non d'une île, mais d'une terre ferme, avec de hautes montagnes qui recèlent des mystères insoupçonnés, avec des villes sans doute et d'incalculables richesses, ma cupidité s'enflamme à nouveau ; je puise en moi pour ainsi dire de nouvelles énergies, et je reconnais que j'ai été jusqu'ici trop empressé – pour ne pas dire que j'ai menti – à publier des bulletins de victoire : *Lorsque je découvris les Indes je déclarai qu'elles étaient la plus grande et riche seigneurie qu'il y eût au monde. Je parlai d'or, de perles, de pierres précieuses, d'épices ; je dis qu'il y avait des marchés et des foires, et parce que tout cela n'apparut pas promptement, je fus motif de scandale. Ce blâme me retient maintenant de parler.* Mais je dirai toutefois que je vis dans cette terre de Veragua plus de traces d'or pendant les deux premiers jours que dans l'Espagnole en quatre ans, et que les terres de cette contrée ne peuvent être plus belles ni mieux travaillées ni ses habitants plus couards... Vos Altesses en sont maîtres autant que de Jerez ou de Tolède ; vos navires quand ils s'y rendent vont chez eux... Et que faire de pareilles richesses ? Tout simplement combler le vœu le plus ardent de la chrétienté – celui que huit croisades n'ont pas réalisé. Ce que n'obtinrent ni Pierre l'Ermite, ni Godefroi de Bouillon, ni Richard Cœur de Lion, ni saint Louis de France, sera obtenu grâce à la ténacité toujours contrecarrée de ce fils de tavernier de Savone. Et puis, il était dit : *Jérusalem et le mont Sion seront réédifiés par les mains d'un chrétien*, et l'abbé Joachim Calabrais a dit que celui-ci *viendrait d'Espagne*. Écoutez bien : *viendrait d'Espagne*. Il ne dit pas qu'il serait espagnol. Et, parlant de moi, je pourrais dire comme Moïse au pays de Madian : « Je suis un immigrant en terre étrangère. » Mais ce sont ces étrangers qui trouvent les terres promises. Par conséquent, l'Élu c'était moi. Cependant le chemin que j'eus à parcourir fut long et pénible : *Pendant sept ans je hantai votre Cour Royale : tous ceux que l'on entretint de mon entreprise déclarèrent unanimement qu'il y avait de quoi rire. Et à présent, même les tailleurs font des pieds et des mains pour partir à la découverte.* Comme un jour, le 7 juillet 1503, me trouvant à la Jamaïque abattu et dans un triste état, je me disais que mes sempiternelles forfanteries m'avaient hissé exagérément au pinacle de mon amour-propre, me faisant commettre un péché d'orgueil, je rédigeai avec humilité les dernières lignes d'une missive adressée à mes souverains : *Je n'ai pas entrepris*, disais-je, *ce voyage et cette navigation pour gagner honneur et fortune ; je dis la vérité, car j'avais perdu tout espoir d'espérer. Je suis venu trouver Vos Altesses animé par une saine intention et un zèle sincère, et je ne mens pas...* Je ne mens pas. Je dis que je ne mens pas. Je crois que ce jour-là je ne mentais pas. Mais, lorsque je plonge à nouveau mon regard dans les feuillets jaunis éparpillés sur le drap qui me couvre jusqu'au milieu de la poitrine...

... quand je me penche sur le labyrinthe de mon passé en cette heure dernière, je m'étonne de ma vocation naturelle de comédien, d'animateur de carnaval, de monteur d'illusions, à la façon des saltimbanques qui, en Italie, de foire en foire – il en venait souvent à Savone –, jouent leurs farces, pantomimes et mascarades. Je fus truchement de retable lorsque je promenai de cour royale en cour royale mon Retable des merveilles. Je fus protagoniste d'une *sacra rappresentazione* quand je jouai, pour les Espagnols qui m'accompagnaient, le grand drame de la Prise de Possession d'Iles qui ne se sentaient même pas concernées. Je fus le prestigieux maître d'œuvre de la Grande Parade de Barcelone – le premier grand spectacle des Indes Occidentales, avec hommes et animaux authentiques, présenté devant le public européen. Un peu plus tard – ce fut à l'occasion de mon troisième voyage – en voyant que les Indiens d'une île se montraient soupçonneux, j'improvisai une mise en scène sur le château de poupe, et fis danser joyeusement des Espagnols au son de tambourins et de cliquettes, pour leur montrer que nous étions des gens gais et d'un naturel paisible. (A vrai dire, nous en fûmes pour nos frais, car les cannibales, nullement amusés par danses mauresques et zapateados, nous décochèrent autant de flèches qu'ils en avaient dans leurs canots...) Et, changeant de travesti, je fus Astrologue et Faiseur de Miracles sur cette plage de la Jamaïque où nous nous trouvions dans la plus grande misère, sans nourriture, malades et entourés pour comble de malheur par des habitants hostiles, prêts à nous assaillir. Il me vint heureusement à l'esprit de consulter le livre des *Éphémérides* de Abraham Zacuto, que j'avais toujours avec moi ; j'appris que cette nuit de février il y aurait éclipse de lune, et j'annonçai sur-le-champ à nos ennemis que s'ils attendaient un peu, ils assisteraient à un extraordinaire prodige. Le moment venu, agitant les bras comme un moulin ses ailes, gesticulant tel un nécromancien, clamant de fausses formules magiques, j'ordonnai à la lune de se cacher... Et la lune se cacha. Je rentrai aussitôt dans ma cabine, et après avoir attendu que le sablier laissât s'écouler le temps que devait durer le miracle – ainsi qu'il était indiqué dans le traité – je réapparus devant les cannibales atterrés, ordonnant à la lune de réapparaître – ce qu'elle fit sans tarder. (C'est peut-être grâce à ce stratagème que je suis encore en vie...) Je fus aussi Grand Inquisiteur, menaçant et terrible – je préférerais ne pas m'en souvenir –, le jour où, sur les côtes de Cuba, je fis demander aux matelots s'ils croyaient que cette grande terre fût une Terre Ferme, une nation continentale, une contrée avancée des vastes Indes dont l'Espagne attendait de moi que je lui en fisse présent – et quel présent ! Et je fis proclamer, par voix de notaire, que celui qui mettrait en doute que cette terre de Cuba fût un continent paierait une amende de dix mille maravédis et, de plus, aurait la langue coupée. *La langue coupée.* Rien de moins. Mais le Moi-Inquisiteur obtint ce qu'il voulait. Tous les Espagnols – sans oublier les Galiciens et les Biscaïens que je tins toujours pour des gens d'une nation différente – me prêtèrent serment avec enthousiasme, pensant qu'ils conserveraient ce qui, selon Ésope, est le meilleur et le pire qui existe au monde. *J'avais besoin que Cuba fût un continent et cent voix s'écrièrent que Cuba était un continent...* Toutefois l'homme qui use d'imposture, de menace ou de violence pour réaliser quelque dessein, est vite châtié. Et pour moi, les châtiments commencèrent ici-bas, sans attendre l'au-delà, puisque tout fut mésaventure, malchance, expiation de fautes, dans mon dernier voyage, au cours duquel je vis mes navires grimper sur des vagues hautes comme des montagnes et redescendre dans des abîmes mugissants, soulevés, engloutis, fouettés, brisés, avant d'être lancés de nouveau dans les flots par un fleuve de Veragua soudain enflé par les pluies, qui nous poussa vers le large comme refusant de nous donner un abri. Et ces jours de désastres répétés, après une dernière recherche désespérée de mines d'or sur la terre ferme, s'achevèrent misérablement : caravelles vermoulues, plaies rongées de vers, fièvres malignes, famine, souffrances sans fin. Mais alors que j'étais évanoui j'entendis une voix me dire : *Oh stupide et lent à croire en ton Dieu, le Dieu de tous, et à le servir !* Cette voix me tira de la nuit lugubre de mon désespoir. Je répondis à ses paroles d'encouragement, en faisant la promesse d'aller à Rome, en habit de pèlerin, si j'échappais vivant à tant de tribulations. (Mais je ne tins pas ma promesse, comme il arriva pour tant d'autres...) Et je revins à mon point de départ, mis à la porte pour ainsi dire du monde par moi découvert, me rappelant comme créatures de cauchemar les *monicongos* de Cypango – que je mentionne dans mon testament d'hier. Ces *monicongos* n'eurent jamais la moindre idée d'être passés à une meilleure condition, et ils tinrent mon apparition devant leurs plages pour un horrible malheur. Pour eux, Christophoros – un Christophoros qui ne cita pas un seul verset des Évangiles en écrivant ses lettres et relations – fut en réalité le Prince du Chambardement, le Prince du Sang et des Larmes, le Prince des Calamités – cavalier de l'Apocalypse. Pour ce qui est de ma conscience, de l'image de moi que je vois à présent au pied de mon lit comme dans un miroir, je fus le Découvreur-découvert, découvert, *mis à découvert*, puisque mes relations et mes lettres me mirent *à découvert* devant les Rois Catholiques, mes maîtres ; *à découvert* devant Dieu, quand je conçus les vilaines affaires que je proposai à Leurs Altesses en bousculant la théologie ; *à découvert* devant mes hommes qui me traitèrent avec de moins en moins de respect, et m'infligèrent la suprême humiliation de me faire charger de fers par un cuisinier – moi, titulaire du Don, Amiral et Vice-Roi ! *à découvert*, parce que ma route vers les Indes ou le Vinland méridional, ou Cypango ou le Cathay – dont la province de Mangui est peut-être celle que j'ai connue sous le nom de Cuba –, route que j'ouvris assez facilement car j'avais connaissance de la saga des Normands, est suivie à présent par cent aventuriers – même les tailleurs, dis-je, qui abandonnent aiguille et ciseaux pour la rame ! – hidalgos sans le sou, écuyers sans maître, notaires sans étude, cochers sans attelages, soldats sans emploi, gueux prêts à tout, porchers de Caceres, fanfarons à la cape élimée, vauriens de Badajoz, intrigants resquilleurs et qui ont le bras long, écornifleurs de tout acabit, chrétiens qui ont changé de nom devant notaire, baptisés qui allèrent à pied aux fonts baptismaux, canaille qui fera tout son possible pour diminuer ma stature et effacer mon nom des chroniques. Peut-être ne se souviennent-ils plus de moi, maintenant que l'essentiel est fait, qu'on a dépassé les limites géographiques de mon entreprise, et qu'on a donné des noms à des villes – ainsi les appellent-ils ! – de dix cahutes couvertes de fientes d'oiseaux... Je fus le Découvreur-découvert, mis à découvert ; et je suis le Conquérant-conquis, car je commençai à exister pour moi et pour les autres le jour où j'arrivai *là-bas*, et, depuis lors, ce sont ces terres ultramarines qui me définissent, sculptent ma silhouette, arrêtent ses contours dans l'air qui l'environne, me confèrent, à mes yeux, une stature épique que désormais tout le monde me refuse, surtout depuis la mort de Columba unie à moi par un exploit suffisamment peuplé de prodiges pour inspirer une chanson de geste. Chanson de geste effacée, avant d'être écrite, par les nouveaux sujets de romances offerts à l'avidité des gens. On dit déjà que mon entreprise fut beaucoup moins risquée que celle de Vasco de Gama, qui n'hésita pas à reprendre la route où plusieurs flottes avaient disparu sans laisser de traces ; moins risquée que celle du grand Vénitien qui fut absent vingt-cinq ans et donné pour mort... Et cela ce sont les Espagnols qui le disent, eux qui te tinrent toujours pour étranger. C'est parce que tu n'eus jamais de patrie, ô marin ; aussi allas-tu la chercher *là-bas*, vers le ponant, en des îles où rien, jamais, ne se définit pour toi en valeurs de nation véritable, en jour qui était jour lorsqu'ici il faisait nuit, en nuit qui était nuit lorsqu'ici il faisait jour, balancé comme Absalon suspendu par ses cheveux entre le songe et la vie sans savoir finalement où commençait le songe et où finissait la vie. Et maintenant que tu entres dans le Grand Songe interminable où retentiront des trompettes inimaginables, tu penses que ta seule patrie possible – ce qui te fera entrer peut-être dans la légende, s'il est vrai que tu donnes naissance un jour à une légende... – *est une patrie qui ne porte pas encore de nom*, qui ne s'est pas encore concrétisée dans une image. *Cela* n'est pas encore *Idée* ; n'est pas devenu un concept, n'a pas de contour défini, ni contenu, ni contenant. Un quelconque *monicongo* de *là-bas* a plus conscience de son identité sur une terre connue et délimitée, que toi, marin, avec tes siècles de science et de théologie. Poursuivant un pays jamais découvert qui s'évanouissait tel un château enchanté chaque fois que tu chantais victoire, tu fus passager de nébuleuses, tu vis des choses qui n'en finissaient pas d'être intelligibles, comparables, explicables, en langage d'Odyssée ou en langage de Genèse. Tu parcourus un monde qui te fit faux bond lorsque tu crus l'avoir conquis, qui, en réalité, te rejeta, te laissant sans *ici* et sans *là-bas*. Nageur entre deux eaux, naufragé entre deux mondes, tu mourras ou ce soir ou demain, tel un protagoniste de fictions, Jonas vomi par la baleine, dormeur d'Éphèse, juif errant, capitaine d'un bateau fantôme... Mais ce qui ne pourra être oublié, quand tu devras rendre des comptes là où il n'y a ni pourvoi en appel ni recours en cassation, c'est qu'avec tes armes qui avaient trente siècles d'avance sur celles que l'on t'opposa, avec le lot de maladies inconnues qui débarquèrent en même temps que toi, tu apportas sur tes navires la cupidité et la luxure, la faim de richesses, l'épée et le brandon, les chaînes, le cep et le fouet qui allait claquer dans la sinistre nuit des mines ; et pourtant on t'avait pris pour un homme venu du ciel – c'est ce que tu déclaras aux Rois Catholiques –, vêtu d'azur plus que de jaune, porteur, peut-être, d'une mission bénéfique. Et rappelle-toi, marin, l'Isaïe que durant tant d'années tu invoquas pour avaliser tes paroles toujours excessives, tes promesses jamais tenues : *Malheur à ceux qui sont sages à leurs propres yeux, intelligents dans leur propre opinion !* Et souviens-toi de l'Ecclésiastique que tu as lu si souvent : *Ils ne plaisent point à Dieu les présents des hommes iniques... Il immole le fils en présence de son père – celui qui offre une victime prise sur le bien des pauvres.* Et, dans un coup de tonnerre qui retentit à présent sur les toits mouillés de la ville, Isaïe clame à nouveau des profondeurs, te faisant frissonner d'effroi : *Même quand vous multipliez vos prières, je n'écoute pas : vos mains sont pleines de sang.*

J'entends, dans l'escalier, les pas du Bachelier de Mirueña et de Gaspar de la Miséricorde, qui m'amènent le confesseur. Je dissimule mes papiers sous le lit et je me recouche, après avoir serré le cordon de ma bure, les mains jointes, raidi tel un gisant sur la dalle d'une sépulture royale. L'heure suprême de parler est venue. Il me reste assez de forces pour tout dire. Tout.

... Mais, placé devant l'obligation inéluctable de parler, en cette heure de vérité, je mets le masque de celui que j'ai voulu être et n'ai pas été : le masque qui ne fera qu'un avec celui que la mort mettra sur mon visage ; – le dernier des masques innombrables que j'ai portés au long d'une existence dont on ne sait au juste quand elle a commencé. Venu du mystère j'approche à présent – après quatre expéditions d'argonaute et ma disgrâce finale – de la terrible minute où il me faudra rendre mes armes, mes pompes et mes loques. Et l'on veut que je parle. Mais les paroles se mettent en travers de ma gorge. Pour tout dire, tout raconter, je devrais être en dette – « donnant, donnant », comme on dit dans le jargon du troc – avec les hommes d'une foi, d'une façon de sentir, qui eussent été pour moi magnanimes et complices. Mais il n'en fut rien, puisque je pourrais m'appliquer – à moi qui, par ambition, reniai la loi des miens – les dures sentences dictées, à la veille de sa mort, à ce Moïse, dont on ignore comme pour moi le jour de la naissance, qui fut, comme moi, Annonciateur de Terres Promises : « Tu jetteras aux champs beaucoup de semence pour récolter peu ; tu planteras et travailleras ta vigne pour ne pas boire de vin ; tu auras des oliviers sur tout ton territoire pour ne pas t'oindre d'huile, car tes oliviers seront abattus. » Et Yahvé dit aussi, au Contemplateur de Royaumes Éloignés : « Voici le pays que j'ai montré à tes yeux, mais tu n'y pourras entrer... » Il est encore temps d'arrêter le verbe. Que ma confession se réduise à ce que je veux révéler. Que dise Jason – comme dans la tragédie de *Médée* – ce qu'il lui convient de raconter de son histoire, en une langue digne d'un bon poète dramatique ; qu'il fasse son mea-culpa et se repente de ses fautes, avec moult gémissements pour obtenir une plus grande indulgence, et rien d'autre... Je me vois égaré dans le labyrinthe de ce que j'ai été : j'ai voulu étreindre la Terre et la Terre a été trop grande pour moi. C'est à d'autres que seront révélées les énigmes les plus transcendantales que nous réserve la Terre, derrière la porte d'un cap de la côte de Cuba que j'appelai *Alpha-Omega* pour dire qu'à mon avis là s'achevait un empire et qu'un autre commençait, qu'une époque était révolue et que naissait une ère nouvelle...

*

... Le confesseur se penche sur mon visage enfoui dans les oreillers trempés par la sueur de la fièvre, et me regarde dans les yeux. Le rideau se lève sur le dénouement. Heure de vérité, qui est l'heure du bilan. Mais il n'y aura pas de bilan. Je dirai seulement ce qui, à mon sujet, *pourra être inscrit dans le marbre*. De ma bouche sort la voix d'un *autre* qui souvent m'habite. Il sait sans doute ce qu'il dit... *Que le ciel maintenant m'ait en miséricorde et que la terre pleure sur moi.*

III

L'ombre

Tu non dimandi che spiriti son queste che tu vedi ?
Dante, *Enfer*, IV.

L'Invisible – sans poids, sans dimension, sans contour, errante transparence pour qui avaient cessé d'avoir un sens les notions vulgaires de froid ou de chaud, de jour ou de nuit, de bien ou de mal – errait depuis plusieurs heures entre les bras ouverts des quadruples colonnades du Bernin, lorsque s'ouvrirent les hautes portes de Saint-Pierre. Celui qui avait tant navigué sans cartes ne put éviter de regarder, l'air narquois, les nombreux touristes qui, ce matin-là, consultaient leurs guides et leurs Baedeckers avant de s'engouffrer dans la basilique et de se diriger d'un pas assuré vers les chefs-d'œuvre les plus renommés de ce Palais des Merveilles qui pour lui allait être aujourd'hui un Palais de Justice. Prévenu absent, fantôme évoqué, homme de papier, voix transférée sur d'autres lèvres pour sa défense ou sa confusion, il resterait à presque quatre siècles de distance de ceux qui allaient examiner les moindres épisodes de sa vie connue, pour préciser s'il pouvait être considéré comme un héros sublime – ainsi le voyaient ses panégyristes – ou comme un simple être humain soumis à toutes les faiblesses de sa condition, tel que le dépeignaient certains historiens rationalistes incapables, peut-être, de saisir une *poésie en actes* située au-delà de leurs remparts de documents, de chroniques et de fichiers. Le moment était venu pour lui de savoir s'il mériterait, à l'avenir, une statue avec une légende flatteuse ou quelque chose de plus transcendant et d'universel qu'une statue en bronze, en pierre ou en marbre dressée au milieu d'une place publique. S'éloignant d'un Jugement Dernier – celui de la chapelle Sixtine – qui ne le concernait pas encore, il se dirigea sans hésiter vers les salles, fermées au public, de la lipsanothèque dont le conservateur, un savant Bollandiste forcément un peu ostéologue, odontologue et anatomiste, devait être absorbé comme d'habitude par l'examen, l'étude et la classification des innombrables ossements, dents, ongles, cheveux et autres reliques de saints, conservés dans des tiroirs et des caisses. Bien que les morts ne se soucient guère, en général, du destin de leur dépouille, l'Invisible voulait savoir si l'on avait réservé en ce lieu quelque place pour le petit nombre d'os qui restaient de lui, au cas où... « Il paraît que l'on va avoir un grand gala », dit le conservateur à un jeune séminariste son disciple, qu'il exerçait aux méthodes de classement de la lipsanothèque. « C'est que la cause d'aujourd'hui n'est pas une cause ordinaire, répondit l'autre. – Aucune cause de béatification n'est une cause ordinaire », fit observer le conservateur, sur le ton grincheux qui lui était coutumier, bien que celui-ci n'intimidât guère le séminariste. « C'est vrai. Mais le personnage qui nous occupe est connu dans le monde entier. Et la postulation a été introduite par deux papes : d'abord, Pie IX, maintenant, Sa Sainteté Léon XIII. – Pie IX est mort avant que ne fussent écoulés les dix ans exigés par la Sacrée Congrégation des Rites pour procéder à l'examen des documents et des témoignages justificatifs. – La cause de Christophe Colomb n'avait pas été introduite que le comte Roselly de Lorgues demandait deux auréoles de plus : l'une pour Jeanne d'Arc ; l'autre pour Louis XVI. – Écoute : si une béatification de Jeanne d'Arc me semble très possible, Louis XVI, lui, n'a pas plus de chance que ta putain de grand-mère. – Merci. – Et puis, il faudrait mettre des limites aux postulations. Nous sommes un peu plus qu'une manufacture d'images pieuses. » Il se fit un silence, pendant lequel des mouches entrèrent dans la pièce, en un vol d'exploration, comme cherchant quelque chose que finalement elles ne trouvèrent pas. « Comment voyez-vous la cause de Colomb ? demanda le séminariste. – Mal. Chez les hallebardiers suisses, qui tiennent tripot dans leur corps de garde, les paris en faveur de Colomb sont, ce matin, à un contre cinq. – Je serais désolé qu'il fût battu, dit le jeune homme. – Pourquoi as-tu misé sur lui ? – Parce que nous n'avons pas un seul saint qui ait été marin. J'ai eu beau chercher dans *La Légende dorée*, les *Acta Sanctorum* de Jean Van Bolland et même dans *Le Livre des couronnes* de Prudence, je n'en trouve pas un seul. Les gens de mer n'ont pas un patron qui ait exercé leur métier. Des pêcheurs, il y en a beaucoup, à commencer par ceux du lac de Tibériade. Mais un vrai marin, d'eau salée, aucun. – C'est vrai », dit le conservateur, révisant mentalement ses répertoires, catalogues et registres d'entrées, « parce que saint Christophe n'a jamais manœuvré les voiles d'un bateau. Christo-phoros fut, comme nous le savons, batelier d'eau douce, et pour être passé d'une rive à l'autre en portant sur ses épaules Celui qui ne craignait pas d'être entraîné par les eaux tumultueuses, lorsqu'il planta sa perche sur un sol ferme, celle-ci grandit et se couvrit de feuilles comme le palmier dattier. – C'est le patron de tous les voyageurs, que ceux-ci voyagent en bateau, sur un âne, en chemin de fer ou en ballon... » Tous deux se mirent à fouiller dans des fichiers et des dossiers. Par-dessus leurs épaules l'Invisible vit apparaître quantité de noms – dont certains lui étaient totalement inconnus – de saints invoqués par les gens de mer dans les tempêtes, calamités et tribulations : saint Vincent, diacre et martyr, parce qu'une fois son corps, bien qu'il eût été lesté avec une pierre énorme, flotta miraculeusement sur les flots déchaînés (« mais il n'exerçait pas le métier de marin », fit observer le séminariste) ; saint Cosme et saint Damien, des saints maures – « Notre patrie est l'Arabie », disaient-ils – parce que le proconsul Lysias les précipita dans les flots, chargés de chaînes ; saint Clément, jeté lui aussi à la mer, dont le cadavre fut trouvé dans une île proche de la Chersonèse, accroché à une ancre (« ce ne furent pas non plus des marins », dit le jeune homme) ; saint Castrense, pour avoir défié un typhon à bord d'une barque délabrée (« embarqué bien malgré lui ») ; saint Léon, pour avoir été torturé par des pirates (« ce n'est pas une raison pour en faire un navigateur ») ; saint Pierre Gonzalez, plus connu sous le nom de saint Elme (« il convertit de nombreux marins et alluma les jolis feux Saint-Elme qui dansent souvent la nuit à la cime des mâts. Mais c'était un homme de l'intérieur des terres, originaire d'Astorga, dont les savoureuses madeleines sont renommées dans l'Espagne tout entière, parce que... – Ne battons pas la campagne, dit le conservateur. Ne battons pas la campagne »). Et l'inventaire se poursuit : saint Cuthbert, patron des marins saxons (« en voilà un qui m'a tout l'air de figurer dans une saga nordique... Un marin de Cadix ou de Marseille ne va pas invoquer un Viking ») ; saint Raphaël Archange (« comment un archange pourrait-il porter une casquette de marin, dites-moi ? ») ; Nicolas, évêque de Myre qui, invisible, redressa la mâture d'un voilier en perdition et, saisissant la roue du gouvernail, le conduisit à bon port (« mais on le voit mieux aujourd'hui en train de guider un traîneau et de distribuer des jouets, que de naviguer ») – « Eh bien alors, nous sommes baisés, dit le conservateur de la lipsanothèque vaticane. Parce que ni saint Dominique de Lores, ni saint Valère, ni saint Antoine de Padoue, ni saint Restitut, ni saint Raymond, ni saint Budock (je n'en ai jamais entendu parler !), invoqués par les marins, ne furent jamais des marins. – Conclusion : Pie IX avait raison. Nous avons besoin d'un saint Christophe Colomb. – Il faudrait préparer un tiroir pour garder ses reliques. – L'ennuyeux est que les gens qui roulent leur bosse et les navigateurs ne laissent pas de traces. – Mais ne restera-t-il pas de lui un fémur, un métacarpe, une rotule, une phalange, au moins ? – Ça, c'est une autre histoire. Une histoire à n'en plus finir, car il n'y eut jamais d'ossements plus transbahutés et controversés que ceux-là. » Et, résumant ce qu'il savait d'après des recherches récentes, motivées par la postulation du jour, le savant Bollandiste expliqua à son disciple que Colomb, étant mort à Valladolid, avait été enterré dans le couvent de Saint-François de cette ville. Mais, en 1513, ses restes sont transportés au monastère de Las Cuevas, de Séville, d'où on les transfère trente-trois ans plus tard à Saint-Domingue ; ils y reposent jusqu'en 1795. « Mais il faut que tu saches que tout à coup les nègres de la zone française de l'île se soulèvent, provoquent de terrifiants incendies, brûlent les plantations et égorgent leurs maîtres. Les autorités espagnoles, redoutant que ne se propagent les flammes de la révolte, expédient la dépouille mortelle du Grand Amiral à La Havane, dans la cathédrale de laquelle elle devait attendre le moment de retourner à Saint-Domingue, où s'était formé le projet d'élever un panthéon avec sculptures, allégories et tout le reste ; quelque chose qui fût digne d'un défunt aussi célèbre... Mais, pendant ce temps, se produit un coup de théâtre presque rocambolesque, dirais-je, si toutefois il est permis de citer Rocambole dans cette enceinte vaticane. – Ne vous inquiétez pas, monsieur, ici tout le monde a lu plus ou moins les aventures de Rocambole. – Dans la cathédrale de Saint-Domingue, Christophe Colomb n'était pas seul : son cercueil était placé non loin de celui de son fils Diego, l'aîné ; de celui de Don Luis Colón, fils de ce dernier, premier duc de Veragua, et de celui de Don Cristóbal Colón II, frère de Don Diego Colón. Mais ne voilà-t-il pas que le 10 septembre 1877, un architecte chargé d'effectuer des réparations dans la cathédrale découvre un cercueil en métal sur lequel on pouvait lire une inscription en abrégé : *D. de la A. P^{er} A^{te} C.C.A.* – ce que l'on interprète ainsi : *Découvreur de l'Amérique. Premier Amiral. Christophe Colomb Amiral.* Donc, les ossements transportés à La Havane *n'étaient pas* les restes de celui que nous allons maintenant béatifier... – S'il y a lieu, murmure le séminariste. – Mais – et c'est là que le bât blesse – on pouvait lire à l'intérieur du cercueil métallique, en caractères gothiques allemands : *Preux illustrissime et vénéré Don Cristóbal Colón*, sans aucune mention d'*Amiral*. Et les enquiquineurs de toujours commencent à dire que ce ne sont pas les restes de Colomb I mais ceux de Colomb II et que ceux de Colomb I sont toujours à Cuba, et un curé vénézuélien publie un retentissant opuscule qui achève d'embrouiller l'affaire et une controverse éclate en comparaison de laquelle était bien peu de chose la Querelle du *Filioque*... Total : on n'arrive pas à savoir si les os de Colomb I sont ceux de Colomb II, ou si ceux de Colomb II sont ceux de Colomb I, et quant à moi qu'on me fiche la paix, c'est à la Sacrée Congrégation des Rites d'en décider, car elle est faite pour ça. En attendant, il n'entrera ici ni une clavicule, ni un radius, ni un cubitus de Colomb qui n'ait été dûment authentifié. Ceci est une lipsanothèque sérieuse, et l'on ne peut accepter de vertèbres, de pariétaux, d'occipitaux ou de métatarses de n'importe qui ; il faut pour tout une hiérarchie. Pour moi, je ne vais pas balancer entre deux cercueils pour jouer à *Arm-stram-gram, pic-et-pic et colegram, bour-et-bour et ratatam*. – Tout l'or du monde ne vous ferait entrer ici, après votre mort, acquiesça le séminariste. Bien que Colomb eût dit, selon Marx, que *l'or est une chose merveilleuse. Celui qui en possède aura tout ce qu'il désire. Grâce à l'or même les âmes peuvent entrer en paradis.* – C'est vrai que Colomb a dit ça ; mais ne me cite pas Colomb à travers Marx. Il ne faut pas prononcer un tel nom en un endroit où les murs ont des oreilles. Tu sais, après la publication du *Syllabus*, certains livres sont très mal vus par ici. – Et pourtant il semble que vous connaissiez très bien Marx, comme vous connaissez Rocambole. – Forcément, mon fils : je fais partie de la commission de l'Index. – Je vois qu'on ne s'ennuie pas tellement en confectionnant l'Index, dit le séminariste avec un petit rire narquois. Je m'explique à présent pourquoi *Mademoiselle de Maupin* et *Nana* sont à l'Index. – Au lieu de dire des conneries, tu devrais aller voir comment marche la béatification du grand amiral », dit le Bollandiste, furieux, lançant son escarpin à boucle d'un violent coup de pied qui manqua son but. « Voilà où nous en sommes ! se dit l'Invisible. Voilà ! » Et, soudainement angoissé, il se dirigea en hâte, suivant des couloirs et montant des escaliers, vers la salle où, à l'appel des huissiers, allait être représenté solennellement le Mystère dont il serait le protagoniste absent présent.

*

Par la porte de droite et par la porte de gauche entrèrent les figures étirées du Mystère. Elles s'installèrent, dans un ordre respectueux des hiérarchies, des dignités et des fonctions, derrière une très longue table couverte d'une étoffe en moire rouge. Chacune évoquait, par des gestes et des attitudes qui rappelaient de très anciennes cérémonies, une image médiévale d'inquisiteurs du Saint-Office. Au centre s'assirent le Président et les deux juges qui constituaient le tribunal collégial ; à une extrémité de la table, le *Promotor fidei*, procureur de la cause et Avocat du diable, et à l'autre le Postulateur. Ce n'était pas Roselly de Lorgues, décédé peu d'années auparavant, mais l'érudit commerçant et diamantaire génois José Baldi, fort bien considéré et bien vu dans les milieux du Vatican, en raison de ses nombreuses œuvres de charité. Le Protonotaire civil de la Congrégation des Rites, et son acolyte, occupèrent des places intermédiaires. On sortit liasses et dossiers de mallettes et de porte-documents, et après une imploration à l'Esprit-

Saint, pour qu'il inspirât des jugements droits et des sentences sensées, on déclara ouvert le procès... L'Invisible sentit que ses oreilles invisibles s'allongeaient et se dressaient, comme celles d'un loup qui flaire le danger, attentif à tout ce qui se dirait devant ce tribunal réuni au bout d'une si longue attente pour examiner le dossier de sa béatification. Six cents et quelques évêques avaient apposé leurs signatures au bas de la première postulation ; ils étaient huit cent soixante pour la troisième, qui serait, très probablement, décisive. Le Président invita le Postulateur à prêter serment de s'abstenir de dol, d'exposer les raisons qui le conduisaient à prendre la défense de cette cause, et de s'en tenir à des vérités sincèrement tenues pour telles en son âme et conscience. Sur un ton calme, respirant entre les phrases, détachant les adjectifs, élevant la voix pour souligner les fins de phrases, José Baldi fit avec emphase un résumé de ce que le comte Roselly de Lorgues avait exposé avec un grand luxe d'appendices et de documents probatoires, dans son ouvrage commandé par Pie IX. Au fur et à mesure qui se déroulait le discours de plus en plus dithyrambique, bourré d'exclamations, le cœur de l'Invisible fondait de joie. Comment, devant un tel tableau de perfections, de vertus, de piété virile, de générosité, de désintéressement et de grandeur d'âme ; comment, devant un tel tableau de prodiges par lui suscités quoique avec la modestie et l'humilité d'un frère mendiant ; comment, devant la preuve de ses pouvoirs surnaturels, dont il n'avait jamais eu idée, ses juges hésiteraient-ils ? Comme saint Clément, il avait apaisé des tempêtes, comme saint Luis Beltrán l'Américain, visiteur apostolique de la Colombie, de Panama et des Antilles – *ses* Antilles –, il avait arraché des milliers et des milliers d'Indiens aux ténèbres de leurs idolâtries ; comme saint Patrice – disait Baldi – *l'apôtre de la verte Irlande entendait dit-on les cris des enfants dans le sein de leur mère qui l'appelaient en Hibernie, lui Christophe Colomb, pendant ses terribles dix-huit années de démarches inutiles porta dans son âme l'énorme clameur d'une moitié du genre humain...* Le procès s'engageait magnifiquement. Tel était l'enthousiasme du Postulateur, que l'Invisible commençait à s'admirer lui-même : il découvrait maintenant que ce qu'il avait attribué à une efficiente opération de la foi d'autrui était son œuvre, l'action de ses mains, de sa volonté privilégiée, de sa faculté de *demander* et de *recevoir* ; et le plus extraordinaire était que selon un certain Léon Bloy, souvent cité par José Baldi dans son panégyrique, ses miracles surpassaient ceux – plus courants et plus limités, si l'on voyait les choses de près – consistant à guérir les malades, faire marcher les paralytiques, redresser les perclus, ou ressusciter les morts. Non. *Je pense à Moïse*, disait Léon Bloy : *Je pense à Moïse, parce que Colomb révèle la création, partage le monde entre les rois de la terre, parle à Dieu dans la tempête, et les résultats de ses prières sont le patrimoine du genre humain.* – « Olé ! », s'écrie l'Avocat du diable, en claquant des mains comme celui qui encourage un danseur de flamenco : « Olé ! Olé ! » Mais sa voix est couverte par celle du Postulateur : *Le comte Roselly de Lorgues n'hésitait pas à mettre le Grand Amiral à la suite de Noé, Abraham, Moïse, saint Jean-Baptiste et saint Pierre, et il lui octroyait le titre suprême d'Ambassadeur de Dieu.* (Oh ! grand, grand, grand Christo-phoros, tu as gagné la partie, ton auréole est acquise, il y aura un consistoire, tu auras des autels partout, tu seras comme le géant Atlas, dont les épaules puissantes portent à jamais un monde dont tu fis une sphère, puisque grâce à toi s'est arrondie une Terre qui était plate et bornée, dont les frontières jouxtaient les abîmes insondables d'un ciel qui *était aussi en bas*, identique et parallèle au firmament, sans que nul ne sût, au juste, si ce qui était en haut était en bas ou vice versa... !) L'enthousiasme de l'Invisible arrivait à son comble, lorsque José Baldi termina son discours et, comme à travers un brouillard, car des larmes invisibles de gratitude embuaient ses yeux invisibles, il vit les ombres des témoins que le Postulateur avait invités à faire une déposition, devant le sourire sceptique – pourquoi si sceptique ? – de l'Avocat du diable qui, comme tel, ne pouvait arborer sur sa face méphistophélique qu'un sourire un peu inquiétant. « N'y a-t-il pas un Ordinaire ici, ou, à son défaut, un délégué ecclésiastique ? », demanda-t-il. Le Président lui répondit sèchement : « Question superflue. Il est certain que lorsqu'on suit une *Procédure de béatification normale*, ne peut officier qu'un Ordinaire ou dignitaire qui jouit d'une juridiction épiscopale sur le lieu même où mourut le personnage dont on examine l'existence, et où il accomplit des miracles... – C'est ce qui s'appelle l'*Évêque du Lieu*, remarqua l'Avocat du diable. – Vous n'allez pas nous apprendre ce que nous savons par cœur, dit sur un ton sévère le Président. Mais, sur ce point, je crois que nous pourrions avoir recours, une fois de plus, à l'autorité du comte Roselly de Lorgues : *Ni l'Évêque du Lieu de la naissance* – nous dit-il –, *ni celui du Lieu de la mort de Christophe Colomb ne peuvent informer...* – Je crois que ce serait pour eux un peu difficile... – *L'insigne navigateur quitta Gênes à l'âge de quatorze ans*, poursuit le Président : *il mourut en voya-*

ge à Valladolid. Ses restes furent ensuite transportés ailleurs. Sa demeure civile était Cordoue, où il ne parut jamais. Sa résidence officielle était Saint-Domingue d'où il fut presque toujours absent. Aucun évêque n'a donc eu réellement qualité pour commencer sur lui une information. – Bon ! nous savons bien que personne ne vit quatre cents ans... – J'ai l'impression qu'on est en train ici de contester la véracité des Écritures, dit le Protonotaire qui, tout à coup, sembla sortir d'un rêve. Car enfin... au cinquième chapitre de la Genèse on nous dit que Seth vécut neuf cent douze ans, qu'Enos vécut neuf cent cinq ans, que les jours de Caïnan furent de neuf cent dix ans, *et il mourut.* – Sapristi. Il était temps », s'écria le diabolique avocat, provoquant les rires mal étouffés de l'acolyte et des deux juges adjoints. « De l'ordre, de l'ordre, dit le Président. – Tout ce que je demande, pour aller plus vite, c'est que nous passions au déluge, dit l'avocat de Belzébuth. – Cette plaisanterie, le poète français Racine l'a faite avant vous. – Dans la comédie des *Plaideurs,* remarque le Protonotaire. – Je vois que vous connaissez vos classiques, dit, toujours narquois, le ministre de Bélial. Mais, pour en revenir à Colomb, s'il est mort à Valladolid, comment se fait-il que l'évêque de cette ville n'ait laissé aucun témoignage écrit auquel nous pourrions nous tenir ? – L'évêque de Valladolid ne fut même pas informé de la mort du pauvre étranger qui, fatigué et malade, était venu échouer dans cette ville, dit Baldi. – Mais ne reste-t-il pas le témoignage d'un "Évêque du Lieu" où il a accompli des miracles ? – Je me tue à répéter, dit le Postulateur, que les miracles de Colomb ont été *d'une nature différente de celle des miracles courants. Disons qu'ils ne sont pas situés ; qu'ils sont universels.* – Je vois à présent pourquoi le décret pontifical a été introduit *par voie d'exception*, dit l'Avocat du diable sur un ton acerbe. – Caïphas ! dit quelqu'un derrière l'Invisible. Et, se retournant, il vit un homme hirsute, au visage presque caché par une barbe embroussaillée, qui sentait un peu la crasse, et roulait des yeux enflammés de colère sous ses épais sourcils en disant : « Caïphas ! Caïphas ! » L'Avocat du diable s'en prenait maintenant à José Baldi : « Le Postulateur, pour son panégyrique, s'appuie uniquement sur le livre de Roselly de Lorgues, qui, si je comprends bien, est un travail peut-être honnête en son propos, mais trop passionné et qui manque de rigueur historique. Une bonne preuve en est que l'on vient de créer un prix de 30 000 pesetas pour couronner la meilleure biographie de Colomb, solidement documentée, digne de foi, moderne, dans un concours ouvert à l'occasion de la commémoration universelle du quatrième centenaire de la découverte de l'Amérique, qui aura lieu d'ici peu. Et savez-vous qui, dédaignant le livre de Roselly de Lorgues, a institué ce prix ? L'illustrissime seigneur duc de Veragua, marquis de la Jamaïque, gouverneur des Indes, sénateur du royaume et trois fois grand d'Espagne, unique descendant direct de Christophe Colomb. Pas moins. – Un misérable ! », hurle le petit homme hirsute qui, poussé par son indignation, a bondi par-dessus deux rangées de sièges, tombant à côté de l'Invisible : « Un éleveur de taureaux de corrida, qui les vend pour animer des jeux de cirque, lui, le dénaturé, qui n'aurait pas les couilles d'un torero pour affronter son propre bétail. Il préfère contempler ses taureaux du *burladero*[1] des arènes, parce qu'il élève

---

1. Refuge en planches pour les toreros dans l'arène *(N.d.T.)*

des bêtes féroces pour qu'elles tuent les autres. – Le prix de 30 000 pesetas..., poursuit l'Avocat. – Ce sont les trente deniers de Judas ! », hurle Léon Bloy, l'éternel irascible – car à présent l'Invisible l'avait identifié. « Silence ! crie le président ; ou j'appelle les hallebardiers suisses. – Quelle que soit l'histoire que l'on écrira maintenant, poursuit le Postulateur, elle ne diminuera en rien la grandeur, la sainteté évidente, du prodigieux cosmographe, à qui Schiller disait : *Avance sans crainte, Christophe. Car si ce que tu cherches n'a pas été encore créé, Dieu le fera surgir du néant, afin de justifier ton audace.* – Ce n'était pas un cosmographe tellement prodigieux, dit l'avocat diabolique. Sinon, laissons parler Victor Hugo. » L'Invisible a l'impression à l'instant que Victor Hugo se dresse à la barre et dit : *Si Christophe Colomb avait été un bon cosmographe, il n'aurait jamais découvert le Nouveau Monde* (« Mais j'ai eu un flair de marin qui valait tous les talents possibles de cosmographe », murmure l'Invisible). « Que Victor Hugo, qui n'a jamais navigué au-delà de l'île de Guernesey, vienne nous parler d'aventures maritimes ! » rugit Léon Bloy dans la forêt de sa barbe. Et maintenant – coup de théâtre – c'est Jules Verne qui vient à la barre avec l'allure et l'aplomb de Robur le conquérant. « Il ne manquait plus que ça ! s'écrie celui, qui, forcément, devait protester. Un saltimbanque ! Pourquoi ne convoque-t-on pas une bonne fois Phileas Fogg ou les fils du Capitaine Grant ? – Il suffisait que vînt le père des fils du Capitaine Grant », dit Jules Verne, très digne. Et il poursuit : *La vérité c'est que, à l'époque de Colomb, un groupe de faits, de systèmes, de doctrines se formait. Il était temps qu'une seule intelligence vînt les résumer et les assimiler. C'est ce qui arri-*

va. *Toutes ces idées éparses finirent par s'accumuler dans la tête d'un homme qui eut, à un degré rare, le génie de la persévérance et de l'audace.* – Et la Providence ? demande Léon Bloy. Que fait donc ce misérable de la divine Providence ? » Mais le romancier ne semble pas l'entendre : *Colomb était allé en Islande*[1]... *et probablement au Groenland.* (« En Islande, oui ; mais non au Groenland », murmura l'Invisible.) – *Tout au long de son voyage, l'Amiral eut le soin de cacher à ses compagnons la vraie distance qu'il parcourait chaque jour.* – S'il crut utile de le faire..., murmure Bloy. – *Jusqu'à ce que retentît le cri de "Terre !". Mais la gloire de Colomb ne consistait pas à être arrivé, mais à avoir levé l'ancre.* – Imbécile ! Capitaine Nemo ! », hurle Bloy. Mais à présent, le discours de Verne devient sec et précis comme celui d'un professeur de mathématiques : – *Par ce voyage, l'Ancien Monde devait être chargé de l'éducation morale et politique du Nouveau. Était-il à la hauteur de cette tâche avec ses idées encore étroites, ses tendances à demi barbares, ses haines religieuses ?... Pour commencer Colomb captura plusieurs Indiens avec le dessein de les vendre en Espagne.* – J'appelle l'attention du tribunal sur le fait que Colomb *institua* l'esclavage au Nouveau Monde ! » s'écrie triomphalement l'Avocat du diable. (L'Invisible sentit son corps invisible se glacer de même que le Licencié de verre[2] devait sentir le froid saisir le sien en toute saison.) – *On affirma que ces Indiens étaient des cannibales. Mais ni à Baracoa ni nulle part le naviga-*

---

1. Qu'il fût allé en Islande fait partie du « peu de choses sûres » que, selon Menéndez Pidal, nous savons à son sujet *(N.d.A.)*.

2. *El Licenciado Vidriera* est le titre d'une Nouvelle Exemplaire de Cervantès *(N.d.T.)*.

teur ne rencontra de cannibales. – Voilà un point que nous voudrions aborder, dit, sur un ton hargneux, le mandataire de Belzébuth. Et je demande au tribunal l'autorisation de faire comparaître Fray Bartolomé de Las Casas, comme témoin à charge. » (« Je suis baisé, gémit l'Invisible. Maintenant je suis complètement baisé. ») Et le dominicain fait son entrée, chauve, ascétique, les sourcils froncés, l'air d'un moine de Zurbaran, jaugeant le tribunal d'un regard sombre et dur. « Atrabilaire ! Mégalomane ! Faux jeton ! » crie Léon Bloy au comble de la colère. Sur ce s'élève le chœur d'injures de quelques individus qui viennent d'entrer tumultueusement dans la salle : « Hypocondriaque ! Opportuniste ! Faussaire ! Calomniateur ! Sac de bile ! Serpent en sandales !... – Tu ne rendras pas témoignage en vain ! », hurle l'un d'entre eux, d'une voix qui semble sortie d'une trompette de cotillon. « Absalon ! Ugolin ! Judas Iscariote ! Ordure ! crient les autres. – Qui sont ces énergumènes ? demande le Président. – Ce sont les opposants à la Légende Noire de la Conquête Espagnole, lui explique le Protonotaire. Leur nombre grossit de plus en plus à notre époque. – Silence ! Ou je fais expulser les mauvaises têtes », dit le Président. Et, voyant le calme rétabli : « Qu'y a-t-il de vrai dans cette histoire d'Indiens cannibales ? » Fray Bartolomé prend la parole : – *Pour commencer, je dirai que les Indiens appartiennent à une race supérieure, en beauté, intelligence et ingéniosité... Ils répondent de façon satisfaisante aux six conditions essentielles exigées par Aristote pour former une république parfaite, capable de se suffire à elle-même.* (« Vous allez voir qu'ils ont construit le Parthénon et nous ont donné le Droit romain ! », s'écrie Léon Bloy.) – Mais mangent-ils oui ou non de la chair humaine ? demande le Président. – *Pas partout, mais il est certain qu'il y a des cas au Mexique, plus pour une question de religion que pour tout autre motif. Du reste, Hérodote, Pomponius Mela et même saint Jérôme nous disent qu'il y avait aussi des anthropophages parmi les Scythes, les Massagètes et les Écossais.* – Vivent les cannibales ! Vivent les cannibales !... », s'écrient, tous ensemble, Léon Bloy et les opposants à la Légende Noire. « Mais oui, il y avait des cannibales parmi les Indiens d'Amérique, dit, imperturbable, l'Avocat du diable. Colomb aurait eu doublement raison s'il n'avait pas transporté des Indiens en Espagne, car les cannibales constituaient un danger permanent pour les enfants qui jouaient dans les jardins publics. Et il se pouvait que l'un d'eux guignât les morceaux de choix d'une fille bien en chair. – J'appelle l'attention du tribunal sur les âneries de M. l'Avocat du diable, dit le Postulateur. – Que le *Promotor fidei* retire ces "morceaux de choix d'une fille bien en chair", dit le Président en fronçant les sourcils. – Je les retire bien volontiers, mais cette fille appétissante n'aura plus alors que la peau sur les os, dit l'Avocat de Satan. – Voyons, maintenant, si le témoin à charge peut apporter des preuves suffisantes de ce que le postulant institua délibérément l'esclavage des Indiens d'Amérique, dit le Président. – *Qu'il me suffise de dire que lorsque la reine Isabelle, de glorieuse mémoire, sut que les gens de Colomb vendaient des esclaves américains sur le marché de Séville, elle monta sur ses grands chevaux et demanda : "Quel pouvoir l'amiral tient-il donc de moi pour bailler mes sujets à quiconque ?" Et elle fit publier sans délai, à Grenade et à Séville, que tous ceux qui auraient emmené en Castille des Indiens que leur aurait livrés l'amiral devraient les restituer à leur lieu d'origine, sous peine de mort, en les embarquant sur les premiers navires en partance.* » José Baldi demande maintenant la parole, pour déclarer sur un ton doucereux et conciliant : « L'éminent philosophe français Saint-Bonnet... – Ce fut mon maître, murmure Léon Bloy. – ... dans son traité sur *La Douleur*, a écrit à la fin du chapitre XXIX ces mots que je soumets à votre méditation : *L'esclavage fut une école de patience, de soumission, d'abnégation, d'humilité. L'orgueil seul empêche la grâce de pénétrer dans l'âme, et c'est l'humilité, ôtant l'obstacle, qui l'y laisse entrer. Or l'homme antique trouvait dans l'esclavage comme un traitement obligé de patience et de résignation, qui le rapprochait du renoncement, suprême vertu de l'âme et fin morale du christianisme.* – Vivent les chaînes ! crie l'Avocat du diable. – Je demande la permission au Président de ce tribunal de rappeler que nous ne vivons pas à l'époque de la Sainte-Alliance, mais que ce procès nous ramène au temps des Rois Catholiques », dit le Protonotaire, qui vient de se réveiller pour retomber, après les mots plus haut prononcés, dans un profond sommeil. « Puisque nous sommes au temps des Rois Catholiques, raison de plus pour rappeler que la reine Isabelle, dans un fameux Codicille de 1504, *ordonne et mande à son mari et à ses enfants de ne pas consentir à ce que les Indiens habitants des Indes soient l'objet de quelque outrage que ce soit dans leurs personnes et dans leurs biens, car ils doivent être traités avec humanité et équité.* » José Baldi relève incontinent ces derniers mots : « Minute !... Il est intéressant de signaler que la Reine Catholique *manda à son mari et à ses enfants*, mais non à l'Amiral à qui elle n'avait pas donné d'instructions à ce sujet... – Ingénieux ! s'exclame l'Avocat du diable. Très ingénieux !

C'est en quelque sorte l'œuf de Colomb ! » (« Nous y voilà ! », murmure l'Invisible.) José Baldi lève les bras avec un air navré : « Légende puérile ! Balivernes ! Jamais Colomb, avec sa dignité surhumaine, ne se serait livré à une telle pitrerie. Voltaire lui-même... » (« Pauvre de moi ! si l'on fourre Voltaire dans cette histoire, je suis fichu ! » gémit l'Invisible.) ... « Voltaire lui-même, avant Washington Irving, révéla que le fameux œuf de Colomb n'était autre que l'œuf de Brunellesco... » (« Voilà maintenant qu'il y en a deux !... ») « Avec cette plaisanterie, digne de joyeux propos de table, l'architecte génial voulut expliquer comment il avait conçu l'édification de la coupole de Santa Maria del Fiore. » (« Et c'est encore heureux !... ») « Et il faudrait voir si...
— Nous n'allons pas nous disputer pour un œuf de plus ou de moins, dit le Président. Et revenons-en, je vous prie, à la question de l'esclavage. » Fray Bartolomé se dresse de nouveau devant le tribunal : *« Je tiens pour certain que, s'il n'en avait été empêché par la grande adversité qui finalement lui advint, il aurait fini en très peu de temps par détruire tous les habitants de ces îles, car il avait résolu d'en charger les navires en provenance de Castille et des Açores, afin de les vendre comme esclaves partout où ils auraient cours. »* Cette fois Léon Bloy prend le Président à partie : « Ceci est un procès d'intention... *Je tiens pour certain... Je tiens pour certain...* Quelle valeur peuvent avoir les suppositions de cet imposteur ? — Colomb jeté aux fauves ! crient les opposants à la Légende Noire. — Néron ! Néron ! », lance l'un d'eux à l'Avocat du diable qui, en riant, ferme le poing, en pointant son pouce vers le sol. « Est-il prouvé que Christophe Colomb institua l'esclavage de propos délibéré ? demande le Président. Car l'on dit que le cou-

pable de l'envoi d'Indiens en Espagne était un de ses frères. Le Grand Amiral en était-il informé ? – Bien sûr que oui ! A tel point qu'il écrivit à ce bon frère une lettre lui recommandant de *surcharger ses navires d'esclaves* et de tenir *un compte exact* des bénéfices que leur vente procurerait. – Qui a vu cette lettre ? », demande Baldi. Et l'évêque de Chiapas répond fermement : – *Moi je l'ai vue, et signée de sa main.* – Misérable ! Faux témoin ! Menteur ! Pharisien ! », crie Léon Bloy d'une voix si forte qu'il s'étrangle et perd le souffle. – *Il tue son prochain celui qui lui ôte la subsistance,* s'écrie, terrible, Fray Bartolomé de Las Casas. « Qui cite donc Marx ? » demande le Protonotaire, brusquement tiré d'un sommeil profond. – Chapitre XXXIV du Livre de l'Ecclésiastique, précise l'évêque de Chiapas... – Laissons ça, et passons à la question de la moralité du postulant, dit le Président. – Je demande l'autorisation de faire comparaître le poète Alphonse de Lamartine, comme témoin à charge », dit l'Avocat du diable. (« Que peut comprendre ce conard de poète du *Lac* aux expéditions maritimes ? », brame sourdement Léon Bloy.) Étiré dans sa redingote de tribun, une mèche de cheveux en travers du front, Lamartine s'engage dans une longue explication dont l'Invisible, accablé, ne comprend ce qui a trait à ses *mauvaises mœurs et son fils bâtard.* « Cela me suffit, dit l'Avocat du diable. Car nous voici arrivés à l'un des problèmes les plus graves qui devront être débattus ici : celui des relations illégitimes de l'amiral avec une certaine Beatriz ; pour ne pas entacher la mémoire d'une femme, je ne dirai pas qu'elle fut sa concubine, sa maîtresse, mais, pour employer un mot délicat qu'aiment beaucoup les classiques espagnols, sa douce amie. » (En entendant le nom de Beatriz, l'Invisible s'attendrit, faisant sienne la strophe dans laquelle Dante exprime son émotion lorsqu'il voit apparaître sa Béatrice sur les rives du Léthé : *la glace qui avait durci autour de mon cœur devint soupirs et larmes, jaillissant de mes entrailles, pressée, par la bouche et par les yeux...*) Le Postulateur Baldi se lève et demande la parole avec des gestes désordonnés : « Il s'agira maintenant de jeter des pelletées de boue sur ce qui ne fut qu'un amour très humain bien que pur... Oui, monsieur l'Avocat de Satan : cessez de faire ce signe digne de muletiers avec votre main irrévérencieuse, et écoutez plutôt ce que, au sujet de cette idylle automnale du grand homme, nous dit le conte Roselly de Lorgues : *Malgré ses quarante et quelques années, son veuvage, sa pauvreté, son accent étranger, ses cheveux blancs, une jeune fille de grande noblesse et de rare beauté voulut être sa compagne. Elle s'appelait Beatriz et en elle habitaient toutes les vertus et toute la finesse de la femme de Cordoue... Mais ce rayon de lumière, qui vint apporter un peu de courage à son cœur tourmenté, n'écarta pas un seul instant le grand homme de sa mission prédestinée...* – Ne serait-il pas bon d'accompagner aux sons des violons cette attendrissante romance ? demande avec insolence l'Avocat du diable. – Un peu de tenue ! s'écrie le Président. – Cette jeune fille, modèle de vertus, que le grand homme aimait et respectait... – Il la respectait tant qu'il lui fit un enfant, lance, sur un ton presque grossier, l'avocat luciférien. Et Colomb se savait si responsable du préjudice causé que, peut-être pour essayer de la secourir dans sa solitude et son abandon de veuve nantie d'un mari et ayant un petit Cordouan à charge, qui ne fut même pas torero, quand Rodrigo de Triana lança le cri fameux : "Terre ! Terre !", alors qu'il aurait dû crier plutôt : "Quelle salade !

Quelle salade !..." – Laissons en paix Rodrigo de Triana et l'affaire des 10 000 maravédis qui étaient mieux placés dans les mains d'une jeune mère que dans celles d'un matelot quelconque, qui les aurait joués dans le premier cabaret venu... » (« Oui, oui, oui... laissez en paix Rodrigo de Triana, parce que si j'ai affaire après lui aux Pinzón et à mes serviteurs Salcedo et Arroyal qui, dans mon dos, communiquaient mes cartes secrètes au maudit Biscaïen Juan de la Cosa, ma cause est foutue. ») Et maintenant, la phrase empoisonnée de l'Avocat du diable qui, avec un sourire satanique, clôt diaboliquement le débat : « On a l'impression que les enfants de l'amour – je veux dire : de l'amour qui s'est fait chair sur un lit nuptial non béni par l'Église – sont le plus souvent l'objet d'une tendresse particulière de la part de leurs parents. De là que Christophe Colomb ait toujours montré une prédilection marquée pour son fils naturel Don Fernando... Mais le fait qu'un père aime très particulièrement un fils né hors mariage ne le rend pas digne d'une auréole de sainteté... S'il en était ainsi, tant d'auréoles illumineraient le monde qu'on n'y connaîtrait jamais les ombres de la nuit. – Ce serait magnifique comme système d'éclairage public », dit le Protonotaire qui, décidément, avait donné plus d'une marque de débilité mentale pendant le procès. « Cela vaudrait bien mieux que tout ce qu'a pu inventer le Yankee Edison, qui alluma sa première ampoule électrique l'année même où Sa Sainteté Pie IX passa de vie à trépas après avoir introduit la première postulation du Grand Amiral. – *Fiat lux !* » dit, pour conclure, le Président... Les silhouettes de Bartolomé de Las Casas, de Victor Hugo, de Lamartine, de Jules Verne s'estompèrent. Les opposants à la Légende Noire de la Conquête Espagnole disparurent, cette fois sans tapage inopportun. On voit se dissiper les légers brouillards, peuplés de formes fantasmagoriques, qui, aux yeux de l'Invisible, embrumaient la salle. Et les membres du tribunal réapparaissent avec des contours plus précis, comme ceux d'un retable. Sur le mur du fond une peinture à l'huile montre le martyre de saint Sébastien transpercé par des flèches. Le Président se lève : « Le Protonotaire a-t-il pris note de tout ce qui a été vu et entendu ? » (Le Protonotaire répond affirmativement tout en contemplant les cocottes en papier qui s'alignent par rang de taille sur le papier-buvard vert de sa juridiction – minuscule prairie sur la moire rouge de la table. Sur un signe que fait discrètement l'acolyte, tout le monde comprend que ce dernier a bien pris, lui, acte de tout...) Le Président poursuit : « De tout ce qui a été dit et entendu, on retiendra deux lourdes charges contre le postulant Colomb : l'une très grave, de concubinat – concubinat d'autant plus inexcusable que le navigateur était veuf quand il connut la femme qui devait lui donner un fils – et l'autre, non moins grave, d'avoir initié et encouragé un inqualifiable commerce d'esclaves, en vendant, sur des marchés publics, plusieurs centaines d'Indiens capturés au Nouveau Monde... Devant de tels délits, ce tribunal devra se prononcer concrètement sur le fait de savoir si le susdit Colomb, proposé pour la béatification, mérite un tel honneur qui lui ouvrirait, et cette fois sans controverse, l'accès à la canonisation. » L'acolyte du Protonotaire fait circuler une petite urne noire dans laquelle chaque membre du tribunal introduit un papier plié. Le Président lève ensuite le couvercle de l'urne et procède au scrutin : « Une seule voix pour, dit-il. Par conséquent la postulation est rejetée. » José Baldi proteste encore, citant en vain Roselly de Lorgues : *Colomb fut un saint ; un saint suscité par la volonté du Seigneur dans des régions où Satan était roi.* « Il ne sert plus à rien de s'égosiller, dit le *Procurateur fidei*, ironique. Point final. » On ferme serviettes, dossiers et liasses, le Protonotaire ramasse ses cocottes en papier, le Président ajuste sa calotte, car un courant d'air pénètre soudain dans la salle, et l'Avocat du diable disparaît comme Méphistophélès englouti par une trappe, dans l'opéra de Gounod. Rongeant de colère les poils de sa barbe, Léon Bloy se dirige vers la sortie en soufflant : *La Sacrée Congrégation des Rites ne se doute point de la grandeur de ce projet et d'ailleurs n'en a que faire. Que lui importe la mission providentielle ? Dès que la Cause ne se présente pas dans la forme ordinaire avec dossier complet, coté, paraphé, timbré d'un sceau épiscopal, on s'indigne, on s'agite pour l'empêcher de se produire. A ses yeux, qu'est-ce donc que ce Christophe Colomb ? Un marin. Or, s'est-on jamais, à la Congrégation des Rites, occupé de la mer*[1] ? « Je suis foutu », murmure l'Invisible, se levant de son siège pour se diriger vers la porte principale, qui devait le conduire, après un très long parcours à travers couloirs et galeries, à l'extérieur de l'immense édifice-cité. Avant d'abandonner la pièce, il adressa un dernier regard à la peinture qui montrait le martyre de saint Sébastien : « Comme toi, j'ai été transpercé de flèches... Mais ces flèches me furent lancées, somme toute, par les arcs des Indiens du Nouveau Monde que je voulus enchaîner et vendre. »

Comme fasciné par une soudaine coïncidence d'images, il s'attarda à contempler ce tableau. On y voyait

---

1. Léon Bloy, *Le Révélateur du globe*, chap. X *(N.d.A.)*.

l'homme criblé de flèches et il pensa à ces autres flèches
– cruelles et délicieuses – qui, depuis les temps mythologiques, frappent fatidiquement leurs élus. Elles les livrent à l'agonie ineffable de ceux qui sont précipités dans l'« ouragan infernal » qui à jamais emportera les Paolo et les Francesca d'hier, d'aujourd'hui et de demain. (« Quand ils m'accusèrent de concubinage, pour ne pas avoir conduit à l'autel ma Beatriz tant aimée qui fut champ fécond pour mon labour, ces féroces observateurs du canon réunis pour me condamner (prêtres froids, légats prébendés et douillets placés devant moi comme s'ils étaient assis à la droite de Dieu pour juger les hommes) ne comprenaient pas que comme les magnanimes héros de la Chevalerie Errante (et qu'ai-je été, si ce n'est un Chevalier Errant de la Mer ?) j'avais eu une Dame que je n'avais jamais trahie en esprit, bien que je fusse uni par la chair à celle qui prolongea ma lignée. Et pendant que, du haut d'une estrade qui ressemblait beaucoup à une scène de théâtre où l'on jouait une farce juridique, ces investis, hargneux et ergoteurs, discutaient *mon cas*, je compris, plus que jamais, que le cœur – qui a dit ça ? – a des raisons que la raison ignore. Et je pensai soudain à la statue accoudée et douloureuse, du Damoiseau de Sigüenza, dont la Dame, guide et phare de sa destinée, fut aussi la Noble Dame de Madrigal de las Altas Torres... Intronisant dans son âme – comme Amadis Oriane la Sans-Pareille – celle qu'il avait vue pour la première fois au campement de Moclin, après la prise de Illora, il l'aima d'un amour très différent de l'attirance qu'avait exercée sur lui, un certain temps, sa promise de Sagonte. Et, son image gravée en son cœur, poussé par la même ardeur qui nourrissait en sa Dame la glorieuse passion de la

Reconquête, peut-être pour acquérir plus de renommée et de prestige à ses yeux, il se jeta dans de téméraires combats et tomba dans la croisade contre les Maures ; il repose à présent dans la cathédrale de Sigüenza, figé dans le marbre, enveloppé dans sa cape de soldat, les cheveux coupés à la mode italienne, la croix rouge de Saint-Jacques peinte sur la poitrine, comme éternel témoignage de la plaie saignante de son âme[1]. Comme je t'envie, ô page, plus batailleur que moi bien que l'on t'ait représenté sur ton tombeau en train de lire un livre, de Sénèque l'ancien peut-être, tandis que moi, cherchant les claires prophéties que renfermait *Médée*, je traduisais des strophes révélatrices de l'autre Sénèque !... Toi et moi – et à quoi bon nier qu'il m'arriva d'être jaloux de toi ? nous aimâmes la même femme ; mais tu ne connus pas comme moi (pourtant qui sait ? qui pourrait l'affirmer ? comment pénétrer mystère si bien gardé ?...) la joie incomparable d'avoir une reine dans ses bras. La Dame de Madrigal de las Altas Torres fut notre Oriane sans égale, bien que ces ânes bâtés qui m'ont jugé, poussiéreux magistrats, gavés jusqu'à la nausée de droit canon, n'aient pas compris la constance de ma passion secrète ; car il fallait qu'elle fût de tous ignorée, et nous devions taire tous deux ce qui te poussa peut-être à t'immoler dans un combat où tu te faisais gloire d'afficher un mâle courage, tandis que moi, fidèle au sentiment qui fut, à partir d'une certaine époque, boussole et guide de mes actes, je n'épousai pas Beatriz, ma Beatriz tant aimée. C'est qu'il y a des normes de la fidélité chevaleresque que ne comprendront jamais ces médiocres avocaillons qui m'accusaient il y a peu de

---

1. « La plus belle statue du monde », dit Ortega y Gasset *(N.d.A.)*.

concubinage, de débauche, et de je ne sais quels autres forfaits... Si la flamme de l'idéal qui m'animait n'avait brûlé en moi, j'aurais couché avec des Indiennes - elles étaient parfois bien appétissantes dans leur paradisiaque nudité – comme le firent tant et tant de ceux qui m'accompagnèrent dans mes découvertes... Et cela – on aura beau fouiller de vieux papiers, passer au crible les archives, prêter l'oreille aux infamies propagées par les Martín Pinzón, Juan de la Cosa, Rodrigo de Triana et autres coquins acharnés à souiller ma mémoire –, et cela, on ne pourra jamais le dire de moi... C'est qu'il y eut, dans ma vie, un instant prodigieux où, élevant très haut mes regards, mon corps fut purifié, ma pensée ennoblie, par une communion totale de la chair et de l'esprit, et où une lumière nouvelle dissipa les brumes de mes délires et de mes élucubrations... »)

Et l'Invisible, accablé par une angoisse infinie, se retrouve sur la place Saint-Pierre... (A côté de lui passe, pressé et bourru, le séminariste de la lipsanothèque. « Ici, murmure-t-il, il n'y a pas moyen d'avoir un seul jour de repos. A peine vient-on d'envoyer Colomb sur les roses que l'on pense à la béatification de Jeanne d'Arc, dont il ne reste pas d'ossements non plus, puisque ses cendres furent dispersées à Rouen... Et dire qu'il faut en convaincre le Protonotaire, qui croit que Jeanne d'Arc a été étranglée dans la Tour de Londres... Quel métier, mon Dieu ! Quel métier !... ») Soudain, un second Invisible rattrape le premier, visible pour lui. Il a le torse nu, et un trident à la main, tel Poséidon campé, pour la postérité, dans un très célèbre portrait du Bronzino. Ainsi le Grand Amiral d'Isabelle et de Ferdinand rencontre-t-il pour la première fois son compatriote et presque contemporain – à quelques années près – Andrea Doria, le Grand Amiral de Venise et de Gênes. Tous deux amiraux et tous deux génois, ils se parlent cordialement dans le dialecte de leur ville. « Je m'ennuyais dans mon sépulcre de l'église Saint-Matthieu, et je suis venu prendre le frais sur cette place, dit Andrea.

En passant je me suis procuré une carotte de tabac à chiquer. Veux-tu une chique ? Non ?... C'est étrange car si tant de gens de notre pays prisent, fument la pipe ou le cigare, c'est bien à cause de toi. Sans toi, nous ignorerions le tabac. – De toute façon, vous l'auriez connu grâce à Amerigo Vespucci, dit Christophe, amer. Et comment es-tu venu de Gênes ? – En train. Par l'express de Vintimille. – Et l'on t'a laissé monter dans cette tenue, presque nu, semblable à un Neptune d'allégorie mythologique ? – N'oublie pas que toi et moi appartenons à la catégorie des Invisibles. Nous sommes les Transparents. Et comme nous il y en a beaucoup qui, à cause de leur renommée, parce qu'on continue à parler d'eux, ne peuvent se perdre dans l'infini de leur transparence, et s'éloigner de ce monde minable où on leur élève des statues et où les historiens de la nouvelle vague s'acharnent à fourrer leur nez dans les pires replis de leur vie privée. – Tu peux m'en parler ! – Ainsi, beaucoup ignorent qu'ils voyagent souvent, en chemin de fer ou en bateau, en compagnie de la Grecque Aspasie, du paladin Roland, de Fra Angelico ou du marquis de Santillane. – Tous les morts deviennent invisibles. – Mais si on le mentionne et si on lui parle de ce qu'il a fait et de ce qu'il a été, l'Invisible "devient quelqu'un" – comme on dit – et engage la conversation avec la personne qui prononce son nom. Cependant, en cela comme en toutes choses, il y a une hiérarchie due à une plus ou moins forte demande. Il y a l'Invisible classe A, comme Charlemagne ou Philippe II ; classe B, comme la princesse d'Eboli ou le chevalier Bayard. Et il y a les occasionnels, bien moins sollicités, comme ce malheureux roi wisigoth, Favila, mentionné dans la chronique d'Alphonse III, dont on sait seulement qu'il régna deux ans et mourut dévoré par un ours ; ou, pour parler du monde que tu as découvert, ce Bartolomé Cornejo qui à Saint-Jean de Porto Rico ouvrit avec l'accord de trois évêques le premier lupanar du continent. Cela se passait le 4 août 1526, date mémorable qui eut déjà son côté "Fête de la Race", puisque des filles amenées de la Péninsule y travaillaient ; les Indiennes en effet, qui n'avaient jamais pratiqué ce métier, ignoraient les trucs que toi et moi connaissons bien... eh, marin ? – Dans l'histoire de l'Amérique – et j'estime que c'est mon continent, bien qu'il ne porte pas mon nom... – il y eut des hommes qui rendirent de plus éminents services que ce Bartolomé Cornejo, dit l'Invisible-Découvreur, piqué au vif. Car enfin, Sahagun, Motolinia, Fray Pedro de Gante... – Qui en doute ! Et il exista aussi un Simon Bolivar ! » L'invisible visage de l'Invisible Christo-phoros se crispa dans son invisibilité : « Je préfère que tu ne mentionnes pas Simon Bolivar. – Pardon, dit Doria. Je comprends que tu n'aimes pas entendre son nom. Il a défait ce que toi tu avais fait. – C'est bien ça : donc ne parle pas de corde dans la maison d'un pendu. – Quand on y réfléchit, si la découverte de l'Amérique avait intéressé un Henri d'Angleterre, Simon Bolivar s'appellerait Smith ou Brown... De même, si Anne de Bretagne avait accepté ton offre, dans les pays où l'on parle aujourd'hui le castillan, on parlerait quelque barbare dialecte du Morbihan. – Je veux te rappeler, dit Christo-phoros, agacé, que toi, avant de combattre en faveur de Charles Quint, tu te mis au service, comme si de rien n'était, du roi François Ier de France, qui était son adversaire. Nous les Génois nous nous connaissons tous. – Tant et si bien que nous savons tous ici qui est un amiral capable d'en découdre et qui un amiral d'eau douce. Où t'es-tu battu ? – Là-bas, dit le marin d'Isabelle la Catholique, en pointant un doigt vers l'ouest. – Mes guerres à moi se sont déroulées ici, en Méditerranée. Avec cette différence que, pendant que tu terrorisais avec tes lombardes de pauvres Indiens tout nus, sans autres armes que des sagaies qui n'auraient même pas servi d'aiguillon à nos bouviers, moi j'ai été, des années durant, le plus grand fléau des vaisseaux du Turc. » La conversation tournait à l'aigre. Andrea Doria changea de sujet : « Comment marche ton affaire là-bas ? » (faisant un signe vers la grande porte de la basilique) – Ils m'ont vidé. – Ça devait arriver : marin et génois. » Et, affectant un ton grave, il récita les vers de *La Divine Comédie* : *Ah, Génois ! Hommes étrangers à toute bonne coutume et pétris de vices... pourquoi n'êtes-vous pas rejetés de la terre ?* « Ils m'ont vidé, répétait Christo-phoros, d'une voix triste. Toi, Andrea, tu as été un grand amiral et l'on n'a voulu honorer ta mémoire que comme la mémoire d'un grand amiral... Moi aussi j'ai été un grand amiral mais, comme on a voulu trop me grandir, on a rabaissé ma stature de grand amiral. – Console-toi en te disant qu'on t'élèvera des statues dans le monde entier. – Et aucune ne me ressemblera, parce que sorti du mystère je suis rentré dans le mystère sans laisser aucun portrait de moi, ni peinture ni dessin. Et puis, l'homme ne vit pas seulement de statues. Aujourd'hui, pour me porter trop d'admiration, quelques-uns de mes amis m'ont joué un tour pendable ! – Ça devait arriver : marin et génois – Ils m'ont baisé », répétait l'autre, presque en sanglots. Andrea Doria posa une main invisible sur l'épaule invisible de son interlocuteur, et pour le consoler : « Quel est l'abruti qui a eu cette foutue idée qu'un marin pourrait être, un jour, canonisé ? Il n'y a pas un seul saint marin dans tout le calendrier. Et c'est parce qu'aucun marin n'a l'étoffe d'un saint... » Il y eut une longue pause. Les deux Invisibles n'avaient plus rien à se dire : « Ciao, Colombo. – Ciao, Doria... » Et l'homme-condamné-à-être-un-homme-comme-les-autres resta à l'endroit précis de la place où, quand on regarde vers les colonnades du Bernin, la colonne frontale cache si parfaitement les trois autres, que toutes quatre semblent se confondre en une seule. « Du trompe-l'œil, se dit-il ; du trompe-l'œil, comme le furent, pour moi, les Indes Occidentales. Un jour, en face d'un cap de la côte de Cuba que j'avais appelé *Alpha-Omega*, je dis que c'était la fin d'un monde et le commencement d'un autre : d'un monde *autre* que je n'arrivais pas moi-même à entrevoir... j'avais déchiré le voile secret pour pénétrer dans une nouvelle réalité qui dépassait mon entendement parce qu'il y a des découvertes si extraordinaires – et cependant possibles – qu'à cause de leur caractère exceptionnel, elles anéantissent le mortel qui eut l'audace de les entreprendre. » Et l'Invisible se rappela Sénèque, dont la *Médée* avait été longtemps son livre de chevet. Il s'identifiait avec Tiphys, timonier des Argonautes : *Tiphys eut l'audace de déployer des voiles sur la vaste mer et de dicter aux vents de nouvelles lois... Désormais, les flots sont vaincus et subissent la loi de tous : ... la moindre barque parcourt le large ; toutes les bornes ont été renversées et des villes ont bâti leurs murailles sur des terres nouvellement connues ; rien n'est resté à sa place primitive dans l'univers désormais accessible en entier*[1]... Et tandis que des cloches se

---

1. Traduction française de Léon Herrmann : Sénèque. *Tragédies*, tome I, « Les Belles Lettres », Paris. (*N.d.T.*)

mettaient à égrener leurs notes claires dans ce midi romain, il se récita les vers qui semblaient faire allusion à son propre destin : *Tiphys qui avait dompté les ondes dut laisser le gouvernail à un pilote inexpérimenté, quand sur une rive étrangère, loin du royaume paternel, il tomba et, ne recevant qu'une humble sépulture, descendit parmi des ombres obscures*[1]... Et, à l'endroit précis de la place d'où, quand on regarde vers les péristyles circulaires, quatre colonnes semblent n'en former qu'une seule, l'Invisible se dilua dans l'air qui l'enveloppait et le transperçait, se confondant avec la transparence de l'éther.

---

1. Traduction française de Léon Herrmann : Sénèque. *Tragédies*, tome 1, « Les Belles Lettres », Paris (*N.d.T.*).

I. *La harpe* 9
II. *La main* 49
III. *L'ombre* 171

DU MÊME AUTEUR

nrf

LE ROYAUME DE CE MONDE
LE PARTAGE DES EAUX
CHASSE À L'HOMME
LE SIÈCLE DES LUMIÈRES
GUERRE DU TEMPS
LE RECOURS DE LA MÉTHODE
CONCERT BAROQUE

*Cet ouvrage
a été achevé d'imprimer
sur les presses de l'Imprimerie Floch
à Mayenne le 5 novembre 1979.
Dépôt légal : 4ᵉ trimestre 1979.
Nº d'édition : 25901.
Imprimé en France.
(17534)*